Engañados

¿Está Dios Guiando a Su Pueblo a dejar Ritos vanos para Entrar en una Relación Personal Con Él?

Kenneth March

Traducido por
Armando Valdez Lara

Dedicación

Este libro está dedicado a más de un billón de católicos en el mundo que han sido engañados y desilusionados por la Iglesia Católica Romana.

Dios quiere una relación personal con cada uno de ellos. Pero al contrario, muchos han sido conducidos en una relación vacía con una institución que les enseñó muchas cosas que están en el error... cosas que están en conflicto con la Palabra de Dios como se encuentran descritas en la Biblia.

Prefacio

❧

Una nota de Ken March para los católicos y los ex-católicos

Este libro fue escrito para católicos y ex-católicos alrededor del mundo que han sido engañados y desilusionados por la iglesia católica: Te enseñaron muchas cosas como verdades espirituales que están en conflicto directo con la palabra de Dios que se encuentra en la Santa Biblia.

Tú has oído cosas que han hecho que desees distanciarte de la iglesia: Miles de sacerdotes abusando sexualmente, violando y sodomizando a niños inocentes, los cuales les fueron confiados a su cuidado espiritual. Líderes de la iglesia manteniendo estas horribles violaciones fuera del ojo del público a través de una elaborada cultura del secretismo, el engaño, la intimidación y la movilización de sacerdotes culpables de una parroquia a otra para exonerarlos de responsabilidad. Luego están los frecuentes rumores de homosexualidad rampantes, escándalos financieros y la intriga a los niveles más altos de la iglesia.

Si eres uno de los fieles devotos o has dejado de ir a misa pero te sigues llamándote a ti mismo un católico, es mi deseo que este libro te ayude a alejarte de una relación con la organización conocida como *La Iglesia Católica Romana* para que entres en una relación personal con el Dios vivo que se muestra en la Biblia.

Todo lo presentado en este libro lo he apoyado con citas de las Escrituras. Algunas cosas que vas a leer pueden obligarte a reevaluar muchas creencias que hayas tenido, o al menos las que has aceptado como verdaderas… tal vez te fueron enseñadas por tus padres, monjas o sacerdotes con buenas intenciones. Eso sería algo bueno; es importante que revisemos nuestras creencias y las comparemos con la Palabra de Dios.

A menos que se indique lo contrario, todos los versículos de las escrituras son de la traducción Reina Valera (RV 1960). He utilizado la RV porque es fácil de entender, pero puedes usar tu propia Biblia o cualquier traducción que tengas para ver cualquier verso que desees.

Las Biblias Católicas y las Biblias Protestantes son casi lo mismo y contienen las mismas verdades, excepto que las Biblias católicas incluyen siete libros adicionales denominados libros Apócrifos que no están en las Biblias Protestantes. Esos libros son Tobías, Judith, 1 Macabeos, 2 Macabeos, Sabiduría de Salomón, Eclesiástico y Baruc; estos se encuentran intercalados con otros libros del Antiguo Testamento. En la sección sobre el Purgatorio (Capítulo 3), hay una explicación de por qué los protestantes no aceptan estos libros como inspirados por Dios.

Este libro trata asuntos de importancia eterna, así que por favor no aceptes ciegamente cualquier cosa que yo o alguien más te diga que es la verdad; debes tomar decisiones por ti mismo.

KennethMarch@rocketmail.com

Armando Valdez Lara
diamondmaker2020@gmail.com

Contenido

Capítulo 1

Enseñanzas Bíblicas no compatibles de Iglesias Protestantes y Católicas

Cuando le preguntas a un católico, "¿Eres cristiano?"...La respuesta común es "No, yo soy católico".

Actualmente, los principios básicos de la Iglesia Católica y la mayoría de corrientes de religiones Cristianas protestantes son los mismos. Ambos profesan que Dios envió a su Hijo unigénito, Jesús, quien nació de una virgen (María), para vivir una vida sin pecado y para sufrir y morir por los pecados del mundo. Dios hizo esto para mostrarse a Sí mismo y Su amor por la humanidad. Lo hizo porque el hombre pecador no podría lograr el estándar de santidad, y sólo el hijo de Dios sin pecado podría pagar el precio completo por los pecados de la humanidad. Como resultado, la vida eterna es nuestra si confiamos que lo que Jesús hizo por nosotros fue el pago completo por nuestros pecados y lo invitamos a que sea Señor de nuestras vidas. Siendo así, si tú crees estas cosas, puedes ser Católico y Cristiano.

Desafortunadamente, como con cualquier órgano eclesiástico que ha estado durante mucho tiempo, de los cuales la iglesia católica ha sido una de las más antiguas, inevitablemente se arrastran ciertas creencias que no son compatibles con las escrituras bíblicas. Una vez que una creencia particular ha sido nominada y aceptada como verdad por un órgano eclesiástico, se convierte en doctrina de la iglesia, y nada como la apariencia física de Dios mismo en toda su gloria convencería a cualquiera a re-abrir el tema para una discusión adicional.

A través de los siglos estas doctrinas no-Bíblicas se acumulan y llevan a la iglesia más y más lejos de la verdad de la Palabra de Dios. Tal es el caso con la iglesia católica.

Casi todas las personas que leen este libro encuentran y han mantenido por mucho tiempo algo que le causa inquietud en una o más de sus creencias. Me gustaría instar al lector a que se esfuerce por mantener una mente abierta. Muchas o la mayoría de las creencias que mantenemos, nos han venido a través de otros seres humanos, y muchas de ellas no son compatibles con las Sagradas Escrituras. Si crees, como yo lo creo, que la Biblia es la Palabra inspirada por Dios, entonces debemos basar nuestras creencias exclusivamente en la Biblia y no en doctrinas humanamente concebidas o interpretaciones que claramente no son sostenidas por las Escrituras. Siempre debemos preguntarnos, *"lo que creo respecto a este tema, ¿viene únicamente de la palabra de Dios, o viene del hombre?."* Si viene del hombre, es algo sospechoso y no debemos aceptarlo como algo esencial para la fe cristiana.

Aquellas personas con bastante entrenamiento teológico pueden ser los que más cuestionen lo que se presenta en este libro. Tal vez ellos tuvieron profesores académicos a quienes respetaban grandemente, que les enseñaron cosas que aceptaron como verdad sin confirmar personalmente que las enseñanzas fueran apoyadas por las escrituras. No es para sugerir que todas y cada una de mis conclusiones teológicas sean correctas. Los creyentes llenos del Espíritu Santo pueden diferir en sus interpretaciones. Nadie tiene el monopolio de la exégesis de la palabra de Dios.

A menos que se indique, he utilizado la traducción de Reina Valera (RV1960) cuando cito las escrituras porque es la versión usada más comúnmente.

Doctrinas de la Iglesia Protestante sin Respaldo Bíblico

Las denominaciones protestantes no están exentas de la acumulación de creencias que no son compatibles con las escrituras.

Desafortunadamente, muchas personas piensan que la gran variedad de denominaciones protestantes son "diferentes religiones". Nada podría estar más lejos de la verdad. La mayoría de las denominaciones protestantes conocidas (Metodista, Luterana, Presbiteriana, Pentecostal, Bautista, Adventista del séptimo día, etc.) profesan las mismas creencias básicas cristianas así como la iglesia católica. Estas son iglesias cristianas y la religión es el cristianismo.

En la mayoría de los casos, las diferentes denominaciones se han separado entre ellas debido a diferencias doctrinales relativamente de menor importancia. Ellos han demostrado lo contrario a la clase de unidad que Jesús oró en Juan 17... Ha sido una división decepcionante que ha confundido a gran parte del mundo sobre el mensaje esencial del cristianismo.

"Pero [Jesús] no ruego solamente por estos, sino también por los que han de creer en mí por la palabra de ellos, ²¹para que todos sean uno; como tú, Padre, en

mí y yo en ti, que también ellos sean uno en nosotros, para que el mundo crea que tú me enviaste. ²² Yo les he dado la gloria que me diste, para que sean uno, así como nosotros somos uno. ²³ Yo en ellos y tú en mí, para que sean perfectos en unidad, para que el mundo conozca que tú me enviaste, y que los has amado a ellos como también a mí me has amado." – Juan 17:20-23

Me parece que las áreas peculiares de diferencias doctrinales que cada denominación tiene, las cuales las han separado de otras denominaciones protestantes tradicionales, pudieron ser sus áreas más débiles de teología. Aunque no es una generalización, aquí están algunos ejemplos:

Luteranos del Sínodo de Missouri celosamente insisten en que el pan y el vino en la Sagrada comunión son el *verdadero* cuerpo y la sangre de Jesús y no tolerarán la sugerencia que solo son una *representación*. Ellos dicen que el cuerpo y la sangre real de Jesús está "en, con y abajo" del pan y el vino. Esto es un concepto un poco impreciso; tan difícil de articular así como de substanciar.

Adventistas del Séptimo Día insisten en que el sábado es el verdadero día de reposo y no el domingo. Podrían estar técnicamente en lo correcto. Además de eso, ellos no celebran la semana Santa o la Navidad y desprecian a cualquier miembro que no sea vegetariano.

Bautistas – muchos creen que beber, bailar, usar maquillaje y jugar a las cartas son actividades pecaminosas.

Pentecostales - enfatizan la importancia del don de hablar en lenguas como una medida en que cualquier persona que no habla en lenguas puede ser sospechoso de no tener el Espíritu Santo.

Y así sucesivamente, un grupo de cristianos juzga a otro en base a criterios secundarios que no son esenciales a la salvación.

¡Satanás es tan astuto! Entiende el principio de "divide y vencerás". ¡Y vaya que ha conseguido dividir a la iglesia de Dios en la tierra y eso ha sido a menudo basado con diferencias intrascendentes! El mensaje de la salvación de Dios ha sido incoherente a gran parte del mundo debido a disputas mezquinas entre denominaciones. En lugar de reconocer a sus hermanos como miembros del cuerpo de Cristo, algunos ni desean tener comunión con creyentes de otra denominación; tal vez temen que su doctrina "pura" llegue contaminarse por dicha asociación.

Algunas denominaciones no habrían permitido en su iglesia ni aún al recientemente fallecido y venerado Reverendo Dr. Billy Graham que compartiera con ellos por no estar de acuerdo con todas las creencias idiosincráticas de sus denominaciones. ¡Cuán paciente es nuestro Señor para soportarnos con esas tonterías infantiles de aquellos a quienes ama!

Me parece que actualmente puede haber un movimiento del Espíritu Santo en todo el mundo que está empezando a reunir a diversas denominaciones cristianas. ¡Qué poderoso testimonio al mundo sería esto del amor de Dios si todos comenzáramos a trabajar unidos para comunicar el mensaje de salvación a través de Jesucristo!

Doctrinas de la iglesia católica
sin Bases Bíblicas

Como ya se mencionó anteriormente, los valores principales de la Iglesia Católica a respecto de la salvación por la gracia solamente a través de la fe en el sacrificio redentor de Jesucristo siguen intactos. Sin embargo, el número y la magnitud de doctrinas no-bíblicas que se han acumulado durante siglos han hecho a la iglesia católica casi irreconocible como una iglesia cristiana creyente de la Biblia.

María, la madre de Jesús estuvo sin pecado

La doctrina de la iglesia católica de la Inmaculada Concepción fue pronunciada primero por la iglesia en 1854. Esta doctrina dice que María fue concebida sin pecado original; en otras palabras, ella fue libre de pecado toda su vida. Parece que esta idea no era ni siquiera una tradición de la iglesia primitiva hasta alrededor del año 1100 D.C. y tampoco cuenta con ningún apoyo escritural.

María permaneció Virgen por toda su vida

Esta es otra doctrina de la iglesia católica que es difícil de defender.

> *Entonces ellos lo ridiculizaron, "¿No es éste el hijo del carpintero? ¿No se llama su madre María, y sus hermanos, Jacobo, José, Simón y Judas?* [56] *¿No están todas sus hermanas con nosotros? ¿De dónde, pues, tiene éste todas estas cosas?" - Mateo 13:55-56*

Los creyentes deben orar a los Santos

El Concilio de Trento, en tres partes desde 1545 a 1563, aclaró primero en la doctrina de la iglesia católica que los santos en el cielo ruegan por los que viven; de esa manera se les dice a los creyentes que sus oraciones tienen mayor valor si son presentados a Dios por María o por otros santos intercediendo en su favor. La Biblia no dice que los santos (los creyentes en Cristo Jesús que nos han precedido en la muerte) oran por nosotros, ni tampoco que puedan vernos o escucharnos.

La asunción de María

En 1950, papa Pío XII anunció como doctrina de la iglesia católica que al final de la vida de María aquí en la tierra, fue llevada al cielo en cuerpo y alma. No fue indicado en cuanto a si ella fue llevada viva o muerta. Muchos Teólogos católicos presumen que primero murió y después fue llevada al cielo.

El Papa es el Vicario de Cristo

La afirmación es que el Papa es el jefe designado de Dios sobre la iglesia cristiana en la tierra y que cuando habla como Vicario de Cristo, él es infalible y todos los cristianos deben obedecerle. Unas palabras de Jesús han sido embellecidas y ampliadas para apoyar esta doctrina de la iglesia.

Purgatorio

Declarado por la iglesia católica como un lugar de castigo temporal donde el difunto va a pagar por pecados menores, perdonables, de los cuales no se arrepintió pero que aún lo califican para entrar en el cielo de un Dios Santo. Esta enseñanza proviene principalmente de uno de los libros apócrifos que no son reconocidos como la Palabra inspirada de Dios por creyentes que no son católicos.

Discutiremos estas y otras doctrinas de la iglesia católica con más profundidad un poco más adelante.

Capítulo 2

Si las doctrinas de la iglesia católica y protestante son imperfectas, ¿por qué centrarse en las deficiencias de la Iglesia Católica?

Satanás está obrando en todas las iglesias, tanto católicas como protestantes. Ya hemos discutido cómo ha podido confundir a gran parte del mundo en pensar que las diferentes denominaciones cristianas son religiones diferentes, haciendo que la gente se pregunte cuál será la correcta.

¿Por qué este libro se centra principalmente entonces en doctrinas no-bíblicas de la iglesia católica? Ante todo, es porque muchas doctrinas católicas sirven para quitar la atención de los feligreses hacia Jesucristo, quien es la cabeza gloriosa de la iglesia en la tierra. <u>Cualquier persona o cualquier objeto que diverge nuestra alabanza, honor, adoración u oraciones hacia Dios es un grave error y es pecado contra Dios.</u>

Jesús es el Rey de reyes, el Señor de señores, el Cordero de Dios, la luz del mundo y es el Hijo unigénito de Dios. Su Nombre está sobre todo nombre y se le ha dado todo poder en el cielo y en la tierra.

> *Porque un niño nos es nacido, hijo nos es dado, y el principado sobre su hombro; y se llamará su nombre*

Admirable, Consejero, Dios Fuerte, Padre Eterno, Príncipe de Paz. – Isaías 9:6

En busca de Jesús en la Basílica de San Pedro

Tuve la oportunidad de recorrer la Basílica de San Pedro en la ciudad del Vaticano, la iglesia más grande en el mundo. Esta es una maravilla arquitectónica realmente impresionante, de aproximadamente 240,000 pies cuadrados, contiene 44 altares, 11 cúpulas y 778 columnas. Para dar una mejor idea, considera que un supermercado *Walmart* regular mide unos 179,000 pies cuadrados y nada qué ver con la altura: Una cúpula que se eleva a 448 pies desde el piso.

Existe un hermoso mármol importado de muchos colores de todo el mundo, tapices de incalculable valor, joyas preciosas, oro y plata. Desde un punto de vista estrictamente monetario, yo estimo que si alguien deseara duplicar la basílica de "San Pedro" costaría muchos miles de millones de dólares; eso sin incluir el precio las tantas obras de arte hechas por maestros reconocidos. Una obra similar es *La Pieta* de *Miguel Ángel*, una bella obra de arte en mármol blanco que representa el cuerpo sin vida de nuestro Señor en los brazos de su madre, María.

La Pieta

Alguien podría pensar que si es así como un papa del siglo XVII era honrado en la Basílica de San Pedro, los memoriales a Jesucristo debían ser mucho más fabulosos.

Cuando yo vagaba por los alrededores de esta enorme catedral con 395 estatuas honrando al Papa, reyes y santos, me llamó la atención que con toda la opulencia y magnificencia que existe allí, prácticamente no había nada glorificando a Jesucristo, el Rey de reyes y Señor de señores. Había muchas imágenes del niño Jesús en los brazos de María y pequeñas imágenes de Jesús en la cruz, pero sólo vi una estatua grande de Jesús. Él está sentado, rodeado de estatuas de Moisés, Elías y un Papa. Cuando yo estaba allí, pensé, "el Hijo de Dios ni siquiera pudo conseguir una estatua grande de Sí mismo sino que tiene que compartir el espacio con un montón de chicos muertos". ¡Uy! Quise decir, "difuntos santos."

Además, yo pude ver una estatua de Jesús sobre la columnata exterior. Si te fijas con cuidado, puedes detectarlo por debajo de la foto en la parte superior del edificio, segundo desde la izquierda, sosteniendo una cruz. Está entre 139 otras estatuas de los difuntos santos.

Me cuesta mucho expresar la profunda decepción y resentimiento que sentí al salir de aquel magnífico edificio en el que no se intentó darle el honor y la gloria a ese derecho que tiene Jesucristo, el Salvador del mundo.

> *Por lo cual Dios también le exaltó hasta lo sumo, y le dio un nombre que es sobre todo nombre, ¹⁰para que en el nombre de Jesús se doble toda rodilla de los que están en los cielos, y en la tierra, y debajo de la tierra; ¹¹y toda lengua confiese que Jesucristo es el Señor, para gloria de Dios Padre.*
> *– Filipenses 2:9-11*

A modo de comparación, incluimos una foto de la estatua *Cristo Redentor* de 125 pies de altura elevándose sobre la ciudad de Río de Janeiro en Brasil. El dinero para construirla fue obsequiado por la comunidad católica de ese país. ¡Buen trabajo!

Cristo es la imagen del Dios invisible, el primogénito de toda creación, ¹⁶ porque en él fueron creadas todas las cosas, las que hay en los cielos y las que hay en la tierra, visibles e invisibles; sean tronos, sean dominios, sean principados, sean potestades; todo fue creado por medio de él y para él. ¹⁷ Y él es antes que todas las cosas, y todas las cosas en él subsisten. ¹⁸ Él es también la cabeza del cuerpo que es la iglesia, y es el principio, el primogénito de entre los muertos, para que en todo tenga la preeminencia. - Colosenses 1:15-18

La Veneración de María

Un Altar a María

Tenemos un enemigo que busca nuestra destrucción. Él es real, muy astuto y lleno de engaños. Satanás trabaja día y noche para mantener a la gente lejos de la relación íntima y exclusiva que Dios quiere tener con ellos. Yo creo que Satanás vio en María alguien de quien nadie podría hablar mal y aprovechó la oportunidad. La Biblia nos advierte acerca del diablo.

Sed sobrios y velad, porque vuestro adversario el diablo, como león rugiente, anda alrededor buscando a quien devorar. - 1 Pedro 5:8

> *El ladrón (Satanás) no viene sino para robar, matar y destruir; Yo (Jesús) vine para que tengan vida y para que la tengan en abundancia.* - Juan 10:10

María fue elegida por Dios para ser la madre terrenal del Salvador del mundo. El ángel Gabriel la llamó bienaventurada, y así fue: elegida para dar a luz y ayudar a criar al Hijo de Dios quien puso a un lado su deidad para tomar forma humana.

> *"María, no temas, porque has hallado gracia delante de Dios. ³¹Concebirás en tu vientre y darás a luz un hijo, y llamarás su nombre Jesús. ³²Éste será grande, y será llamado Hijo del Altísimo... y su Reino no tendrá fin."* - Lucas 1:30-33

Me gusta algo que oí una vez... que Dios probablemente eligió a María para los mayores honores porque "ella estaba dispuesta". ¿Cuántos adolescentes estarían dispuestas a soportar injustamente el chisme, las burlas y la condena de su familia, amigos y vecinos? María estaba dispuesta aún a enfrentarse a la pena de muerte en una sociedad que no aceptaba en lo absoluto una adolescente soltera embarazada. Para su crédito eterno, la respuesta de María al ángel fue...

> *"Aquí está la sierva del Señor; hágase conmigo conforme a tu palabra."* – Lucas 1:38

María también debe haber tenido otras cualidades personales maravillosas que la hizo elección de su Dios para crecer al Hijo Unigénito. Pero seamos claros: ¡María <u>no es</u> la madre de Dios!

Dios ha existido desde la eternidad; María fue un ser humano. En un verso profetizando el nacimiento de Jesús, leemos...

> *Pero tú, Belén Efrata, tan pequeña entre las familias de Judá, de ti ha de salir el que será Señor en Israel; sus orígenes se remontan al inicio de los tiempos, a los días de la eternidad. – Miqueas 5:2*

Aún Jesús se enfrentó a quienes querían venerar a su madre y redirigió la atención de la mujer a donde debe estar, hacia Dios.

> *Mientras él decía estas cosas, una mujer de entre la multitud levantó la voz y le dijo: "¡Bienaventurado el vientre que te llevó y los senos que mamaste!"* [28] *Pero él dijo: "¡Antes bien, bienaventurados los que oyen la palabra de Dios y la obedecen!" – Lucas 11:27-28*

Solo para asegurarme, no estoy diciendo algo negativo respecto a María. Todos sabemos qué tan protectores pueden ser los hijos con sus madres y ciertamente yo no quisiera ponerme en el lado desagradable de Jesús (por así decirlo).

Otro altar a María

27

La Veneración de los Santos

La Biblia utiliza el término "santo" para referirse a cualquier persona que haya aceptado a Jesús como su Señor y Salvador y por lo tanto está en su camino al cielo, o también a alguien que ya ha llegado al cielo.

Cuando habla de "santos" y utiliza el término en el sentido de aquellas personas que se han designado como "santos" la iglesia católica se refiere a algo totalmente diferente. Según lo establecido por la iglesia católica existen criterios muy estrictos para la santidad. Uno de estos criterios es que la persona haya realizado tres milagros verificables. ¡Permítanme detenerme aquí!

Yo creo que cada milagro verificable se ha hecho exclusiva-mente por el poder de Dios y generalmente invocando el nombre de Jesucristo. Muchos otros cristianos y yo hemos puesto las manos sobre los enfermos, hemos orado en el nombre de Jesús y hemos sido testigos de sanidades milagrosas, ¡pero yo nunca he sanado a alguien! Ni creo que otro ser humano lo haya hecho.

En el libro de los Hechos, capítulo 3, leemos acerca de un milagro que involucra a San Pedro. La gente inmediatamente presume que Pedro había realizado el milagro, pero después de corto tiempo explica que no fue él quien lo hizo, sino que fue Dios.

> *Mas Pedro dijo: No tengo plata ni oro, pero lo que tengo te doy; en el nombre de Jesucristo de Nazaret, levántate y anda. ⁷Y tomándole por la mano derecha le levantó; y al momento se le afirmaron los pies y tobillos; ⁸y saltando, se puso en pie y anduvo; y entró*

> *con ellos en el templo, andando, y saltando, y alabando*
> *a Dios. – Hechos 3:6-8*

En las palabras de Pedro se puede escuchar su total confianza en que Dios estaba dispuesto a sanar en el nombre de Jesús. Fue Dios quien hizo la sanidad, no fue Pedro. Pedro lo explica así...

> *Y todo el pueblo le vio andar y alabar a Dios. ¹⁰ Y le*
> *reconocían que era el que se sentaba a pedir limosna a*
> *la puerta del templo, la Hermosa; y se llenaron de*
> *asombro y espanto por lo que le había sucedido. ¹¹ Y*
> *teniendo asidos a Pedro y a Juan el cojo que había sido*
> *sanado, todo el pueblo, atónito, concurrió a ellos al*
> *pórtico que se llama de Salomón. ¹² Viendo esto Pedro,*
> *respondió al pueblo: Varones israelitas, ¿por qué os*
> *maravilláis de esto? <u>¿o por qué ponéis los ojos en*
> *nosotros, como si por nuestro poder o piedad*
> *hubiésemos hecho andar a éste? ¹³ El Dios de Abraham,*
> *de Isaac y de Jacob, el Dios de nuestros padres, ha*
> *glorificado a su Hijo Jesús, a quien vosotros*
> *entregasteis y negasteis delante de Pilato, cuando éste*
> *había resuelto ponerle en libertad.</u> - Hechos 3:9-13*

<u>Dios hace milagros, la gente no.</u> Eso incluye a personas que la iglesia católica ha designado como "santos."

Podemos llamar al Pablo de la Biblia "San Pablo" porque peleó la buena batalla y fue a estar con nuestro Señor. Pablo confió en la salvación que Jesús ganó por Su muerte en la cruz - no porque la iglesia católica decretó oficialmente que fuera un "santo".

Como se mencionó anteriormente, la doctrina de la iglesia católica sostiene que los santos en el cielo ruegan por los que viven, y se les dice a los creyentes que sus oraciones tienen mayor valor si son presentados a Dios por María u otros santos intercediendo a su favor.

¡Me quedé con la boca abierta la primera vez que se me sugirió que la gente debe orar a los difuntos santos! Me pregunto qué tipo de reacción les habrá dado a otros también.

No hay nada en la Biblia que nos diga que las personas que han muerto pueden ver o escuchar lo que suceda aquí en la tierra. Tampoco hay algo que sugiera que debemos orar con ellos y muchas escrituras ponen énfasis en lo contrario.

No hay manera de suavizar lo que quiero decir... una iglesia que toma el amor de Dios en la gente y cambia el enfoque hacia cualquier persona o cualquier objeto que no es Dios Altísimo está abogando por *idolatría*. Esto es una flagrante violación del primer mandamiento de Dios mismo.

> *No tendrás dioses ajenos delante de mí. ⁴No te harás imagen, ni ninguna semejanza de lo que esté arriba en el cielo, ni abajo en la tierra, ni en las aguas debajo de la tierra. ⁵No te inclinarás a ellas, ni las honrarás; porque yo soy Jehová tu Dios, fuerte, celoso, que visito la maldad de los padres sobre los hijos hasta la tercera y cuarta generación de los que me aborrecen." – Éxodo 20:3-5*

Dios nos dice muchas veces en las escrituras que Él es un Dios celoso.

> *Guardad, pues, mucho vuestras almas; pues ninguna figura visteis el día que Jehová habló con vosotros de en medio del fuego; ¹⁶<u>para que no os corrompáis y hagáis para vosotros escultura, imagen de figura alguna, efigie de varón o hembra</u>, ¹⁷figura de animal alguno que está en la tierra, figura de ave alguna alada que vuele por el aire, ¹⁸figura de ningún animal que se arrastre sobre la tierra, figura de pez alguno que haya en el agua debajo de la tierra. ¹⁹No sea que alces tus ojos al cielo, y viendo el sol y la luna y las estrellas, y todo el ejército del cielo, seas impulsado, y te inclines a ellos y les sirvas; porque Jehová tu Dios los ha concedido a todos los pueblos debajo de todos los cielos. – Deuteronomio 4:15-19*

A pesar de muchas advertencias de Dios, la práctica de la idolatría de los israelitas dio lugar a la destrucción de la nación y a la dispersión del pueblo judío a muchas naciones donde por muchos siglos fueron perseguidos sin piedad, tal como Dios lo había advertido. Históricamente conocemos este evento como la "Diáspora", la cual inició en el año 70AD cuando los romanos comenzaron a sacar a los judíos de su tierra natal donde habían vivido por más de un milenio. No fue hasta 1948 que los judíos comenzaron a regresar a Israel. Dios había prometido que un día iba a llevarlos de regreso a la tierra que les había dado.

¿A quién honrarás con *tus* oraciones y adoración? ¿A el Creador o a lo creado?

¡Nuestro Mediador, nuestro abogado es Jesús y solo Jesús! No es María, ni un sacerdote, ni un "santo" ni tampoco el Papa. Jesús dijo que debemos orar a *Dios Padre*, en Su nombre.

> *"Pero tú, cuando ores, entra en tu cuarto, cierra la puerta y ora a tu Padre que está en secreto; y tu Padre, que ve en lo secreto, te recompensará en público."* – *Mateo 6:6*

Parece haber cierta confusión en este punto. Si miras todos los versículos de las escrituras respecto al tema, descubrirás que siempre se nos dirige a orar a Dios Padre. Yo debo admitir que me sorprendí al encontrar que en ninguna parte de las escrituras nos dicen que oremos a Jesús o al Espíritu Santo. Sin embargo, puesto que la Biblia no dice mucho de este tema, yo no puedo decir que no sea adecuado orar a Jesús o al Espíritu Santo, porque después de todo, son parte de la Santísima Trinidad y por lo tanto son uno con Dios Padre. ¡Pero sin duda *no* debemos orar a nadie más que a Dios!

Jesús dijo...

> *"En aquel día no me preguntaréis nada. De cierto, de cierto os digo, <u>que todo cuanto pidiereis al Padre en mi nombre, os lo dará.</u> 24 Hasta ahora nada habéis pedido en mi nombre; pedid, y recibiréis, para que vuestro gozo sea cumplido. 25 Estas cosas os he hablado en*

alegorías; la hora viene cuando ya no os hablaré por alegorías, sino que claramente os anunciaré acerca del Padre. [26] En aquel día pediréis en mi nombre; y no os digo que yo rogaré al Padre por vosotros, [27] pues el Padre mismo os ama, porque vosotros me habéis amado, y habéis creído que yo salí de Dios. – Juan 16:23-27

Otra vez [a Jesús] le llevó el diablo a un monte muy alto, y le mostró todos los reinos del mundo y la gloria de ellos, [9] y le dijo: Todo esto te daré, si postrado me adorares. [10] Entonces Jesús le dijo: Vete, Satanás, porque escrito está: <u>Al Señor tu Dios adorarás, y a él sólo servirás.</u> – Mateo 4:8-10

**Nota del traductor: a continuación encontrarás fotografías de estatuas de los santos en el Vaticano y se han incluido con el nombre original en inglés para que todo interesado pueda hacer las investigaciones adecuadas.

St. Francis of Assisi   St. Dominic   St. Elijah

Engañados – ¿Está Dios Guiando a Su Pueblo a dejar Ritos vanos para Entrar en una Relación Personal con Él?

St. Bonfilius Monaldi

St Norbert

St Juliana Falconieri

St Bruno

St. Joseph Calasanctius

St Joan Thouret

St. Frances Cabrini

St. Mary Pellettier

St Louis Marillac

Engañados – ¿Está Dios Guiando a Su Pueblo a dejar Ritos vanos para Entrar en una Relación Personal con Él?

St. Jerome Emiliani

St. Cajetan Thiene

St. John of God

St. Peter Nolasco

St. Frances of Rome

St. Alphonsus of Liguori

St Francis Caracciolo

St. Francis de Sales

St Benedict

St John de la Salle

St John Eudes

St Madeleine Barat

St Philip Neri

St Vincent de Paul

St Teresa of Jesus

St William

St Angela Merici

St Paul of the Cross

St. Peter Fourier

St. Peter of Alcantara

St. Camillus de Lellis

St. Lucy Fillipini

St. Louis de Montfort

St. Anthony Zaccaria

St. Ignatius Loyola

St. Francis of Paola

St. John Bosco

La Veneración de Lugares y de Objetos

Una reliquia, como un pedazo de la cruz donde Jesús fue crucificado, no tiene ningún valor espiritual ni poder alguno. Darle honor a tal reliquia reverenciándola con besos con la idea de que de alguna manera tiene el poder de bendecir a alguien es deshonrar a Dios.

Yo he sido testigo que los católicos besan reliquias, se postran y hacen la señal de la cruz ante las estatuas, hacen los ritos de prender velas, arrodillarse ante el Papa y supersticiosamente le besan el anillo; he visto que frotan los pies de una estatua del apóstol Pedro e incluso besan las gradas y la puerta de un lugar que consideran "sagrados". Estos ritos ciertamente deben ofender a nuestro Dios. ¿Cómo puede alguien alegar ignorancia cuando la Palabra de Dios es tan clara en ese aspecto?

Se ha dicho que todos fuimos creados con un hueco del tamaño de Dios en nuestros corazones que solo Él puede llenar. Yo lo creo, aunque no de una forma literal, por supuesto. Dios quiere llenar ese vacío. Él no quiere que intentemos llenarlo venerando a otras personas, lugares o cosas, ni tampoco aprueba líderes de la iglesia que llevan a la gente a centrarse en estas cosas en vez de centrarse en Dios mismo.

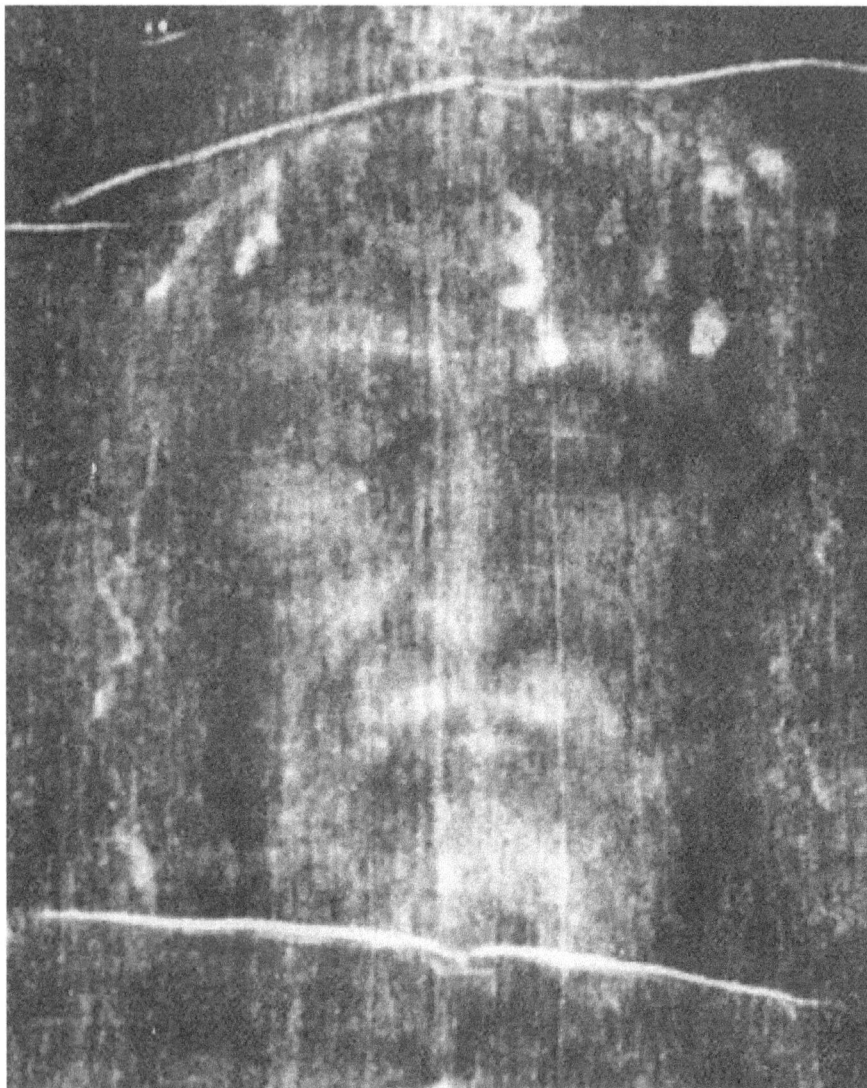

La Sábana Santa de Turín

Engañados – ¿Está Dios Guiando a Su Pueblo a dejar Ritos vanos para Entrar en una Relación Personal con Él?

Personas frotando supersticiosamente los
pies de una estatua de San Pedro

Capítulo 3

Desvío de la Iglesia Fiel

La Supremacía de la Iglesia

Aproximadamente 1.2 billones de preciosas almas se identifican como católicos. Algunos son de los más fieles que buscan a Dios dentro de la iglesia católica.

Luego están aquellos que pueden haber asistido a la escuela católica y fueron a misa alguna vez, pero dejaron de ir porque la iglesia no era relevante en su vida cotidiana.

Por supuesto muchos de los 1.2 billones nunca asistieron regularmente a misa, ni tampoco a la confesión, ni a orar ni a leer la Biblia excepto ocasionalmente. El catolicismo puede haber sido la fe de sus padres, sus abuelos o tal vez por generaciones pero no están practicando el catolicismo.

Aún en los países predominantemente católicos, el porcentaje de aquellos que asisten a misa regularmente en todo el mundo está cayendo como una piedra.

El objetivo principal de la iglesia católica es y siempre ha sido atraer gente a una relación con la iglesia, en contraposición a una relación personal con Dios. Durante siglos, la iglesia católica se ha imbuido con las trampas de la autoridad y el poder que mantuvo a la población en admiración y aceptación que la autoridad de la iglesia fue dada por Dios.

Naturalmente nos intimidamos por símbolos de poder y autoridad

Una táctica que ayuda a la iglesia a mantener un aura de legitimidad es mantener a la gente intelectual y espiritualmente intimidada. Hay un léxico católico con cerca de *dos mil términos*, directa o indirectamente relacionados con el catolicismo, adoración, moral, derecho canónico, historia y espiritualidad. Si usted es un católico puede preguntarse, "Si yo no entiendo el vocabulario de la iglesia, ¿quién soy yo para cuestionar las acciones, directivas y los pronunciamientos de sacerdotes, obispos, arzobispos, cardenales y el Papa?"

"Estos hombres usan túnicas, estolas, cruces y sombreros puntiagudos ultra costosos. Llevan bastones de oro con cruces de oro en la parte de arriba. Seguramente deben saber mucho más que yo acerca de asuntos espirituales."

Tradicionalmente las misas se llevaron a cabo en latín, por lo que los laicos (no clérigos) tenían poca idea de lo que se decía. Todo sonaba como algo misterioso y espiritual. No fue hasta el 29 de noviembre de 1964 que se ofreció la primera misa en inglés en Estados Unidos... mezclada con latín. Para mejor ubicación en el tiempo, esto coincidió con la invasión de los *Beatles* en los Estados Unidos (los *Fab Four* de Inglaterra).

En cuanto a la lectura de la Biblia, la iglesia católica ha impulsado activamente a que los católicos lean y estudien la palabra de Dios. De hecho, creo que es justo decir que el clero católico es más versado sobre las doctrinas, pronunciamientos y posiciones de la iglesia católica que sobre las Escrituras Bíblicas.

Por lo tanto, si tú eres alguien que lee la Biblia y sabes realmente lo que dice, quizá conoces más quién es Dios y a qué se asemejan aquellos hombres en trajes ultra caros con sombreros puntiagudos llevando bastones de oro.

Durante siglos, los líderes de la iglesia de la época o estaban mal informados sobre lo que dice la Biblia, o se imaginaron que nadie iba a leerla por estar en latín y tampoco habían planes para traducirla a la lengua del pueblo. Además, la imprenta aún no había sido inventada, así que nadie podía ir a su librería local y recoger una copia de la Biblia. Eso hubiera causado todo tipo de problemas y hubiera abierto la puerta para desafiar las cosas que la iglesia decía a los feligreses.

La palabra de Dios nos anima a que estudiemos personalmente las escrituras. Es a partir de Su Palabra que la fe crece. La Biblia dice que la fe viene por oír (y leer) la Palabra de Dios. Así es como el Espíritu Santo nos comunica la voluntad y los pensamientos de Dios; además, cambia nuestros corazones y la dirección de nuestras vidas. Esto es lo que se conoce como proceso de santificación. Dios nos bendice a través de Su Palabra porque cuando comenzamos a conformar nuestra vida y nuestros pensamientos a Dios, entonces Él es libre de derramar sus bendiciones sobre nosotros.

> *Toda la Escritura es inspirada por Dios, y útil para enseñar, para redargüir, para corregir, para instruir en justicia, [17] a fin de que el hombre de Dios sea perfecto, enteramente preparado para toda buena obra. – 2 Timoteo 3:16-17.*

> *Porque la palabra de Dios es viva y eficaz, y más cortante que toda espada de dos filos; y penetra hasta partir el alma y el espíritu, las coyunturas y los tuétanos, y discierne los pensamientos y las intenciones del corazón. – Hebreos 4:12*

El Dios Vivo desea tener una relación personal con nosotros como lo intentó desde el principio de la creación del mundo. Dios quiere que aprendamos sobre Él en Su Palabra, la Biblia, y que le hablemos a través de la oración. Dios desea que vayamos a su trono como un niño que va hacia su padre amoroso y que hagamos conocidas nuestras peticiones delante de él.

En el libro del Pastor Reverendo Ray Johnston titulado *Jesús Llamó – El Desea Su Iglesia de Regreso*, el autor dice:

*"...lo más sorprendente que Jesús dijo fue Su impresionante invitación de tres palabras a **todas** las personas en todos los tiempos, 'Venid a mí' (Mateo 11:28). Observa que no dijo, 'Ven a la religión,' 'Ven a ritos y normas,' 'Ven al Catecismo,' 'Ven a la confirmación,' 'ven a la liturgia,' Todas esas cosas pueden ser finas y buenas, pero no son lo principal. Lo principal es esto: 'Venid a mí'. ¡La invitación principal de Jesús es una **relación**! Cuando esto nos falte, terminamos haciendo ritos y perdemos una relación vivificante que es el corazón de la fe Cristiana."*

El Papa

En la persistencia de la iglesia de verse como representantes elegidos por Dios en la tierra, se afirma que la autoridad como cabeza de la iglesia fue dada por Dios primeramente a Pedro, uno de los apóstoles. Luego, Pedro pasó esa autoridad al próximo jefe de la iglesia y desde entonces ha sido pasada sucesivamente de un hombre a otro. Estos hombres se conocen como papas.

San Pedro murió en Roma y desde entonces el obispo de Roma ha sido el Papa. Los cardenales eligen al sucesor cuando muere un Papa; ha habido 266 papas hasta ahora. Los laicos deben creer que cada uno de esos hombres fue autorizado por Dios para hablar en Su nombre y transmiten edictos que a menudo están en conflicto con la Palabra inspirada de Dios como se encuentra en las sagradas Escrituras.

Desde el año 1200 la iglesia ha llamado a este hombre "Vicario de Cristo", que significa "representante de Cristo" en la tierra. Declararon que sus pronunciamientos espirituales son infalibles y deben ser obedecidos por todos los creyentes que deseen estar bien con Dios.

Las escrituras citadas como evidencia que Jesús nombró a Pedro como la cabeza de la iglesia cristiana son altamente cuestionables. Para llegar a esa conclusión y luego concluir que Pedro transmite esa autoridad, se requiere que los textos sean exagerados más allá de la credulidad. Por esta razón no hay una sola denominación protestante que crea que Jesús otorgó esa autoridad únicamente a Pedro. De hecho, la mayoría de lo que se dijo en la Biblia no se dirigía solamente a Pedro, sino a todos los discípulos de Jesús que estaban presentes.

Jesús mismo es la Fundación de su iglesia, no Pedro; porque él mismo reconoció este hecho en las siguientes Escrituras:

> *Acercándoos a Cristo, piedra viva, desechada ciertamente por los hombres, mas para Dios escogida y preciosa – 1 Pedro 2:4*

Muchas otras escrituras dejan en claro que la Fundación de la iglesia cristiana es Cristo Jesús. San Pablo escribe:

Conforme a la gracia de Dios que me ha sido dada, yo como perito arquitecto puse el fundamento, y otro edifica encima; pero cada uno mire cómo sobreedifica. [11] Porque nadie puede poner otro fundamento que el que está puesto, el cual es Jesucristo. – 1 Corintios 3:10-11

Hay un viejo himno muy hermoso titulado, *La Fundación de la iglesia.* La primera estrofa es algo como esto:

> La fundación de la iglesia
> Jesucristo es su Señor,
> Ella es su nueva creación
> por el agua y la palabra.
> Del cielo Él vino y la buscó a ella
> para ser su novia Santa;
> Con su propia sangre la compró
> y por la vida de ella, Él murió

Los católicos rutinariamente se dirigen a este hombre como Santo Padre, aunque Jesús dijo...

"Y no llaméis padre vuestro a nadie en la tierra; porque uno es vuestro Padre, el que está en los cielos."
– Mateo 23:9

Un Papa siendo llevado en una silla gestatorial

Un Poco respecto a Pedro

Pedro tenía un corazón noble, fue sincero e impetuoso seguidor de Jesús. Él, junto con Santiago y Juan son los discípulos mencionados más a menudo por andar con Jesús en varias ocasiones. Pero como todos nosotros, Pedro tenía sus debilidades. Poco tiempo después de su gran confesión de fe –que Jesús era el Mesías y el hijo de Dios – Jesús tuvo que amonestarle. Jesús apenas había explicado que era necesario ir a Jerusalén y que iba a ser juzgado y entregado a la muerte... pero que tres días después iba a resucitar. El impetuoso Pedro no estaba de acuerdo con este plan y respondió:

> *Entonces Pedro, tomándolo aparte, comenzó a reconvenirle, diciendo: Señor, ten compasión de ti; en ninguna manera esto te acontezca. [23] Pero él, volviéndose, dijo a Pedro: ¡Quítate de delante de mí, Satanás!; me eres tropiezo, porque no pones la mira en las cosas de Dios, sino en las de los hombres. – Mateo 16:22-23*

Cuando Jesús llamó a Pedro "Satanás", simplemente estaba diciéndole que Satanás lo estaba usando para intentar esquivar el propósito para el cual Jesús había nacido: morir por los pecados del mundo. Recuerda, a pesar de que Jesús era el hijo de Dios, había hecho a un lado su deidad y tomó la forma de un ser humano (Filipenses 2:6-8). Jesús no necesitaba a Pedro o a nadie más para tratar de sacarlo de Su determinación.

Pedro era casado y tenía suegra.

> *Vino Jesús a casa de Pedro, y vio <u>a la suegra de éste</u> postrada en cama, con fiebre. [15] Y tocó su mano, y la fiebre la dejó; y ella se levantó, y les servía.*
> *– Mateo 8:14-15*

Y Pablo escribió:

> *¿No tenemos derecho de traer con nosotros una hermana por mujer como también los otros apóstoles, y los hermanos del Señor, y <u>Cefas</u>? - 1 Corintios 9:5*

Pedro es el discípulo que caminó sobre el agua. Él y los otros discípulos vieron a Jesús caminando sobre el agua en el mar de Galilea en aquella noche tormentosa. Cuando Jesús se acercó a la barca Pedro le dijo: "si eres tú Señor, permíteme ir a ti." Jesús respondió, "Ven." Pedro salió del barco y comenzó a caminar hacia Jesús, pero cuando vio el fuerte viento y las olas, se aterrorizó y comenzó a hundirse gritando:

> *"¡Sálvame Señor!" Al momento Jesús, extendiendo la mano, asió de él, y le dijo: "¡Hombre de poca fe! ¿Por qué dudaste?" – Mateo 14:31*

Al parecer Jesús no entendió las dudas de Pedro, aunque yo creo que todos estamos de acuerdo que Pedro exhibió más fe que probablemente muchos de nosotros hubiéramos podido obtener en las circunstancias. Hasta donde yo sé, él es el único humano que realmente ha caminado sobre el agua. Esto dice mucho de su fe en Jesús.

Rezando el Rosario

La iglesia católica aboga fuertemente para que la gente rece el rosario. Quizá hayas visto muchas calcomanías de algunos católicos que dicen "Rezad el Rosario."

Rezar el rosario consta de repetir una serie de palabras como un ritual con confesiones y oraciones prescritas. El Credo de los apóstoles (que no fue escrito por ninguno de ellos), la oración del Señor, llamado "Padre Nuestro," Gloria Sea y el Ave María. Para quienes no están familiarizados con la jerga de la iglesia católica, aquí están las palabras de una Gloria Sea y un Ave María:

Gloria Sea: "Gloria sea al Padre y al Hijo y al Espíritu Santo, como era en el principio, es ahora y siempre será, un mundo sin fin. Amén."

Ave María: "Ave María, llena eres de gracia, el Señor es contigo; bendita eres entre las mujeres y bendito es el fruto de tu vientre, Jesús. Santa María, madre de Dios, ruega por nosotros pecadores, ahora y en la hora de nuestra muerte. Amén."

Hoy día, los rosarios tienen 59 bolitas. Hay 6 bolitas grandes que requieren repetir el Padre Nuestro 6 veces. También tiene 53 bolitas que requieren repetir la oración a María (Ave María) por 53 veces. A esto se le agrega decir el credo de los apóstoles y las oraciones de Gloria Sea.

Un Rosario

Me encontré con un artículo en internet que detalla cómo se debe rezar el rosario a continuación (en cursiva). www.dummies.com/religion/christianity/catholicism/how-to-pray-the-rosary/

Las bolitas en el rosario ayudan a los católicos a contar sus rezos. Lo que es más importante, los católicos rezan el rosario como una forma de apelar a Dios y pedirle favores especiales, tales como ayudar a que un ser amado se recupere de enfermedad o darle gracias a Dios por una bendición recibida – un nuevo bebé, un nuevo trabajo, una nueva luna.

1. *En el crucifijo, haga la señal de la Cruz y luego rece el credo de los apóstoles*

   Yo creo en Dios, Padre Todopoderoso, creador del cielo y la tierra; y en Jesucristo, su único hijo, nuestro Señor, que fue concebido por el Espíritu Santo, nacido de la Virgen María, sufrida bajo Poncio Pilato, fue crucificado; murió y fue sepultado. Descendió a los infiernos; al tercer día resucitó otra vez de entre los muertos; Ascendió a los cielos, está sentado a la diestra de Dios Padre Todopoderoso; de allí vendrá a juzgar a los vivos y los muertos. Creo en el Espíritu Santo, la Santa Iglesia católica, la comunión de los Santos, el perdón de los pecados, la resurrección del cuerpo y la vida eterna. Amén.

2. *En el siguiente grano grande, el Padre nuestra dice.*

   Padre nuestro, que estás en los cielos, santificado sea tu nombre; Venga tu Reino; hágase Tu voluntad aquí en la tierra como en el cielo. Danos hoy nuestro pan de cada día; y perdona nuestras ofensas como también nosotros perdonamos a los que nos ofenden; y nos no dejes caer en tentación, mas líbranos del mal, amén."

En los siguientes tres granos pequeños, rezar tres Ave Marías. Ave María, llena eres de gracia. El Señor es contigo. Bendita tú eres entre todas las mujeres y bendito es el fruto de tu vientre, Jesús. Santa María, madre de Dios, ruega por nosotros pecadores, ahora y en la hora de nuestra muerte. Amén.

3. *En la cadena se ora el Gloria Sea.*

    Gloria sea al padre, al hijo y al Espíritu Santo, como era, es ahora y siempre será, mundo sin fin. Amén.

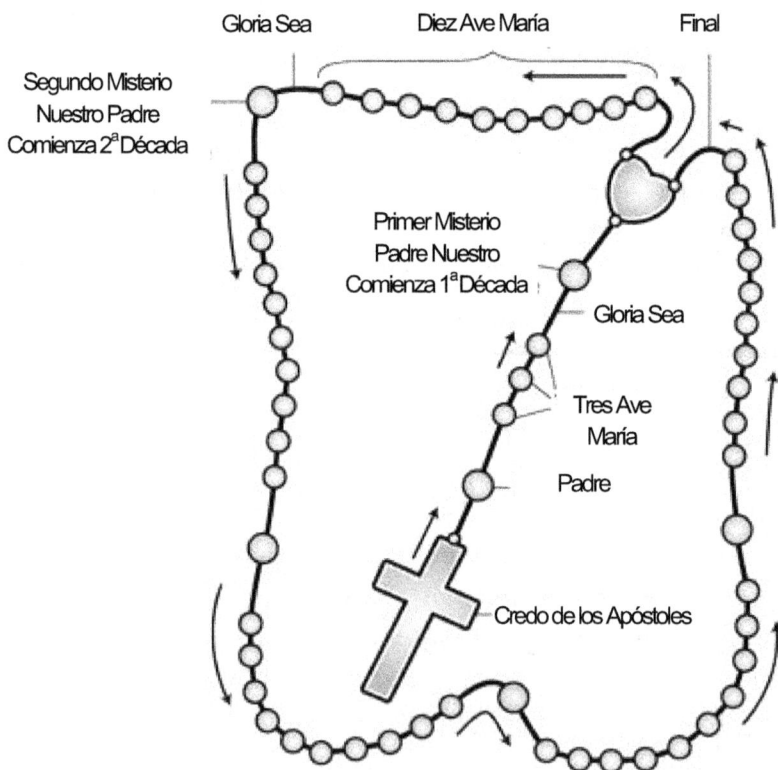

4. *En el grano grande, meditar en el primer misterio y rezar el Padre nuestro.*

    Rezas misterios para cada una de las cinco secciones (décadas) del Rosario según el día de la semana:

1. *Lunes y Sábados:*

    Los misterios gozosos recordar a los fieles del nacimiento de Cristo: la Anunciación (Lucas 1:26 – 38); La visitación (Lucas 1:39-56); La Natividad (Lucas 2:1- 21); La presentación (Lucas 2:22-38); El hallazgo del niño Jesús en el templo (Lucas 2:41- 52)

2. *Martes y Viernes:*

    Los misterios dolorosos recuerdan la pasión y muerte de Jesús: la agonía de Jesús en el jardín (Mateo 26:36 -56); La flagelación en el pilar (Mateo 27:26); La coronación de espinas (Mateo 27: 27-31); La realización de la Cruz (Mateo 27: 32); La Crucifixión (Mateo 27:33-56).

3. *Miércoles y Domingos:*

    Los misterios gloriosos se centran en la resurrección de Jesús y las glorias de los cielos: la resurrección (Juan 20:1-29); La ascensión (Lucas 24:36-53); El descenso del Espíritu Santo (Hechos 2:1-41); La asunción de María, la madre de Dios, al cielo; La coronación de María en el cielo.

4. *Jueves:*

    Papa Juan Pablo II agregó los misterios de la luz, también conocida como los misterios luminosos, en el año 2002: el bautismo en el río Jordán (Mateo 3:13 -16); La fiesta de bodas de Caná (Juan 2:1-11); La predicación de la venida del Reino de Dios (Marcos 1:14 -15); La Transfiguración (Mateo 17:1 - 8); La institución de la Eucaristía (Mateo 26).

5. *Saltar el medallón central, y en las diez cuentas después de eso, rezar un Avemaría en cada cuenta; de la cadena, rezar un Gloria Sea.*

   Aunque una década es de 10, estas 12 oraciones forman una década del Rosario.

   Muchos católicos añaden la oración de Fátima después de la Gloria Sea y antes del próximo padre nuestro: Oh mi Jesús, perdónanos nuestros pecados, sálvanos de los fuegos del infierno y lleva todas las almas al cielo, especialmente los más necesitados de tu misericordia. Amén.

6. *Repetir Pasos 5 y 6 cuatro veces más hasta terminar las siguientes cuatro décadas.*

7. *Al final de tu Rosario dices el Ave María Purísima.*

   Salve, Reina Santa, madre de misericordia, nuestra vida, nuestra dulzura y nuestra esperanza. A ti lloramos, pobres desterrados hijos de Eva, a ti te enviamos encima de nuestros suspiros, con luto y llorando en este valle de lágrimas. Míranos entonces, defensora clemente, pon tus ojos de misericordia hacia nosotros; y después de esto muéstranos nuestro exilio, el fruto bendito de tu vientre Jesús, oh clemente, oh amorosa, oh dulce Virgen María.

   Ruega por nosotros Oh Santa Madre de Dios, para que podamos ser dignos de las promesas de Cristo.

   Oh Dios, cuyo Hijo unigénito, por su vida, muerte y resurrección, ha adquirido para nosotros la recompensa de la salvación eterna; te rogamos que nos concedas, que meditando sobre estos misterios del Santísimo Rosario de la Bienaventurada Virgen María, nosotros podamos imitar lo que contienen y obtener lo que prometen. Por el mismo Cristo nuestro Señor. Amén.

Dos Razones para que <u>Nunca</u> reces el Rosario

1. El artículo descrito dice que el Rosario ayuda a un católico a contar sus oraciones. ¿Contarlas? Dios no quiere escuchar repeticiones rituales. No ganan Su favor. De hecho, yo creo que estas repeticiones exhaustivas son ofensivas para Dios. Si eres una madre o un padre, ¿cómo te sentirías si tu hijo o hija llega a buscarte y te repite ritualmente sus súplicas una y otra vez sólo para ganar tu favor para que le digas que sí? Ellos no necesitan ganar tu favor, ¿o sí? Ya lo tienen. Y lo mismo es con Dios.

> *Mirad cuál amor nos ha dado el Padre, para que seamos llamados hijos de Dios; por esto el mundo no nos conoce, porque no le conoció a él. – 1 Juan 3:1*

Así mismo, Jesús habló específicamente de este tipo de oraciones.

> *Y orando, no uséis vanas repeticiones, como los gentiles, que piensan que por su palabrería serán oídos. [8] No os hagáis, pues, semejantes a ellos; porque vuestro Padre sabe de qué cosas tenéis necesidad, antes que vosotros le pidáis.*
> *– Mateo 6:7-8*

2. María fue bendecida por Dios, fue elegida para soportar y ayudar a criar al Hijo de Dios, quien dejó a un lado Su poder y Su

gloria y vino a este mundo como un ser humano. (Véase la sección anterior, "La Veneración de María"). Sin embargo, un punto importante que debe repetirse aquí en relación con el rosario es que María ciertamente no es la "madre de Dios". Dios ha existido desde la eternidad; María fue un ser humano y no hay nada en las escrituras que sugieran que los difuntos santos pueden vernos o escucharnos.

María no fue elegida para ser una mediadora entre el hombre y Dios; esa posición está únicamente en manos de Jesús.

> *Porque hay un solo Dios, y un solo mediador entre Dios y los hombres, Jesucristo hombre, ⁶ el cual se dio a sí mismo en rescate por todos, de lo cual se dio testimonio a su debido tiempo. – 1 Timoteo 2:5-6*

> *Hijitos míos, estas cosas os escribo para que no pequéis; y si alguno hubiere pecado, abogado tenemos para con el Padre, a Jesucristo el justo.   – 1 Juan 2:1*

Purgatorio

La idea detrás del concepto católico de un Purgatorio es que algunas personas mueren con pecados menores, perdonables, y que la pena temporal por el pecado no fue pagada totalmente mientras que estaban vivos. Por lo tanto, el Purgatorio es un lugar de castigo temporal donde la gente es purificada para calificar y poder entrar en el cielo de un Dios Santo.

Para comenzar, no hay pecado basado en el mérito que sea tan pequeño que te pudiera permitir entrar en el cielo de Dios. Tampoco es cierto que los pecados puedan ser tan atroces que la sangre de Jesús no pagara el precio completo si la persona confiesa y se arrepiente sinceramente.

Según esta vergonzosa doctrina, el sufrimiento y la muerte de Jesús en la Cruz no fue completamente suficiente para pagar por los pecados de los difuntos, de tal manera que el pecador tuviera que pagar algo extra por sí mismo. Esto degrada y desagrada el sacrificio de Jesucristo.

Jesús, el hijo de Dios, hablando de Sí mismo en la tercera persona, dijo:

> *"El que en él cree, <u>no es condenado</u>; pero el que no cree, ya ha sido condenado, porque no ha creído en el nombre del unigénito Hijo de Dios." - Juan 3:18*

Jesús también dijo:
> *"De cierto, de cierto os digo: El que oye mi palabra, y cree al que me envió, tiene vida eterna; <u>y no vendrá a condenación</u>, mas ha pasado de muerte a vida." – John 5:24*

Ten en cuenta que en estas dos escrituras se nos no dice que "<u>no hay juicio</u>" y los que creen en Jesús "<u>nunca serán condenados</u>." No hay ningún pecado por el cual se debe pagar.

Esta falsa enseñanza se basa en tres versos encontrados en II Macabeos 12:43-45, que es uno de los libros de los apócrifos incluidos en las Biblias católicas que no se encuentra en las Biblias Protestantes. Otro par de escrituras se citan de vez en cuando, pero sin los pasos de Macabeos no proporcionan ningún apoyo creíble para la doctrina del Purgatorio.

Los Protestantes no aceptan que los libros apócrifos incluidos en la Biblia católica hayan sido escritos por inspiración de Dios. Esto es muy importante porque si el libro es de origen y autoridad dudosa, entonces los pasajes de las escrituras donde se sugiere la posibilidad de un lugar como el Purgatorio no es confiable.

A continuación incluimos parte de un intercambio de correo electrónico publicado en internet donde Gary F. Zeolla da varias razones principales por las que las Biblias Protestantes no incluyen los libros apócrifos (cursiva):

En primer lugar, el canon judío no incluye los libros apócrifos. Esto es significativo porque fue a los judíos a quienes se les confió el Antiguo Testamento (Romanos 3:1, 2). En segundo lugar, algunos de los libros apócrifos fueron escritos en griego y no en hebreo. Es así como se distinguen de las escrituras hebreas.

En tercer lugar, Jesús parece excluir los apócrifos en su declaración en Lucas 11:51 ‑ "de la sangre de Abel a la sangre de Zacarías, que pereció entre el altar y el templo. Sí, os digo que será demandada de esta generación."

En Génesis, el primer libro en el canon hebreo es donde se registra la muerte de Abel. La muerte de Zacarías está incluida en 2 crónicas, el último libro en el canon Hebreo (el orden de los libros es diferente del orden de hoy día). Así que esto parece confirmar el canon judío como un documento veraz.

El orden de los libros que aparecen hoy en día se toma de la Septuaginta (traducción griega del OT del siglo II A.C.), que incluye los libros apócrifos; pero en su declaración Jesús sigue el canon hebreo.

En cuarto lugar, no hay citas directas de los libros apócrifos en el Nuevo Testamento. Sí existen insinuaciones a acontecimientos apócrifos y declaraciones, tales como 1 Macabeos es aludida en Hebreos 11:37; pero ninguna de esas alusiones apoya que los apóstoles usaran los apócrifos como fuente autoritaria. En otras palabras, no hay citas de libros apócrifos en el NT introducido de una forma que muestre a los apóstoles considerando los libros de una manera autoritativa, es decir, mediante el uso de frases como: "Ha sido escrito," "dicho por el Profeta," "el Espíritu Santo habló", etcétera.

Así que con la falta de citas autoritativas de los libros apócrifos en el Nuevo Testamento, parece ser que los escritores del NT y Jesús mismo, no aceptaron los libros apócrifos como una escritura confiable."

El efecto trágico de esta doctrina del Purgatorio es que, incluso en la muerte los católicos no se pueden asegurar que su salvación sea eterna. ¿Fueron sus pecados aquí en la tierra tan grandes que Jesús los rechace completamente y los mande al infierno en vez de enviarlos al Purgatorio? O si no fueron tan malos, ¿por cuánto tiempo deben languidecer en el Purgatorio? ¿Cuántas oraciones de sus parientes vivos se necesitarán para acortar o poner fin a su estancia, o cuánto dinero tendrán que pagar a la iglesia católica para que compren las almas para sacarlas? (Vea la sección sobre indulgencias)

La Biblia nos da muchas garantías de que somos salvos cuando confesamos a Jesús como Salvador y confiamos en Su sacrificio como pago completo por nuestros pecados. No hay nada adicional que tenemos que pagar. Ninguna cantidad de dinero ni de oraciones puede contribuir a nuestra salvación.

> *He escrito esto a vosotros que creéis en el nombre del hijo de Dios, para que sepáis que tenéis vida eterna. -1 Juan 5:13*

¡Así que no esperes tener vida eterna sino que debes saber que tienes vida eterna! Y San Pablo no deja ninguna duda de que nuestra salvación no tiene nada que ver con nuestros méritos o buenas obras.

> *Porque por gracia sois salvos por medio de la fe; y esto no de vosotros, pues es don de Dios. ⁹ No por obras, para que nadie se gloríe. – Efesios 2:8-9*

También se explica que a través de Jesús hemos sido reconciliados o fuimos hechos justos con Dios. Dios ya no retiene nuestros pecados contra nosotros.

> *Esto significa que cualquier persona que pertenece a Cristo se ha convertido en una nueva persona. La vieja vida se ha ido; ¡ha comenzado una nueva vida! Y todo esto es un regalo de Dios, quien nos trajeron a sí mismo por medio de Cristo. Y Dios nos ha dado esta tarea de reconciliar personas a él. Dios estaba en Cristo reconciliando al mundo consigo mismo, ya no cuenta los pecados del pueblo contra ellos.* – 2 Corintios 5:17-19

Es Jesús mismo quien juzgará a cada uno de nosotros y lo va a hacer respecto a si hemos puesto nuestra fe y confianza en Él y en la suficiencia de Su sacrificio redentor.

Jesús dijo:

> *"Porque como el Padre levanta a los muertos, y les da vida, así también el Hijo a los que quiere da vida. ²²Porque el Padre a nadie juzga, sino que todo el juicio dio al Hijo, ²³para que todos honren al Hijo como honran al Padre. El que no honra al Hijo, no honra al Padre que le envió." - Juan 5:21-23*

Una escritura final de Pablo que nos asegura que nuestras almas salvas van a ir directamente a estar con el Señor cuando nos morimos:

> *Así que vivimos confiados siempre, y sabiendo que entre tanto que estamos en el cuerpo, estamos ausentes del Señor ⁷(porque por fe andamos, no por vista); ⁸pero confiamos, y más quisiéramos estar ausentes del*

cuerpo, y presentes al Señor.   *– 2 Corintios 5:6-8*

Capítulo 4

Codicia e Inmoralidad

La Venta de Indulgencias

En el siglo XVI se le decía a la gente que podrían comprar un indulto (absolución) de la iglesia católica que reduciría o eliminaría su tiempo en el Purgatorio. Es probablemente seguro asumir que si tú confesabas asesinato tendrías que pagar considerablemente una mayor cantidad por tu perdón que si confesabas adulterio o haber robado comida.

La iglesia no sabía que Martin Lutero iba a sobresalir en la historia. Él fue un sacerdote católico en Alemania que se atrevió a desafiar el papado en algunas de sus doctrinas, codicias y prácticas impías como la venta de indulgencias. Las ventas estaban en auge y el dinero estaba rodando por las puertas de la iglesia, por lo que Martin no se sintió atado a la iglesia al hacer regar la voz de esas prácticas diabólicas. Después de que Lutero se negó a retirar la acusación de algunas de las prácticas de la iglesia, la iglesia intentó asesinarlo para impedir que exhortara al pueblo.

Algunos de los que están leyendo esto se sorprenderán al aprender que las indulgencias todavía están a la venta en la iglesia católica; sin embargo, no puedes comprarlas en la esquina de la calle porque eso desataría un escándalo que sería devastador para la iglesia. Hoy día, esas operaciones ocurren a un nivel mucho más alto y únicamente si la recompensa garantiza el riesgo.

Como se explica en la Enciclopedia católica,

"El papa no absuelve el alma en el purgatorio del castigo debido al pecado pero le ofrece a Dios del tesoro de la Iglesia cualquier cosa que sea necesaria para la cancelación de este castigo."

Esta práctica obviamente es tan inmoral y controversial que una indulgencia podría ser comprada ahora únicamente con la aprobación del papa y con el entendido que se tienen que cumplir varias condiciones. Una de esas condiciones, declarada descaradamente en la Enciclopedia Católica es que debe haber "…algo pertinente a la gloria de Dios **y a la utilidad de la Iglesia**, no solamente la utilidad que se les carga a las almas en el purgatorio."

Me impresiona donde dice que el perdón no debe ser sólo en beneficio del individuo, sino también debe ser valioso para la iglesia.

Esto trae a mi mente la apertura de la película El Padrino III donde el cacique de la Mafia Don Corleone recibe un alto honor otorgado por la iglesia católica... y poco después él donó $100 millones a la iglesia.

Espero que no esté arruinando los planes de muchas personas cuando digo que el perdón de la iglesia católica es totalmente sin sentido. Sólo Dios puede conceder el perdón de los pecados y ya lo ha hecho... ¡y es gratis!

Porque la paga del pecado es muerte, mas la dádiva de Dios es vida eterna en Cristo Jesús Señor nuestro. – Romanos 6:23

La Inmoralidad Sexual

Los estudios sugieren que el porcentaje de sacerdotes homosexuales en la iglesia católica supera en mucho a la población en general. En la cultura "políticamente correcta" de los Estados Unidos, ser homosexual activo se ha convertido en algo casi aceptable. Mientras que muchas personas cambian sus costumbres para adaptarse a su cultura, Dios no es igual. Lo que Dios declaró que es pecado, es pecado.

Yo Jehová no cambio– Malaquías 3:6

¡Tenemos sacerdotes abusando sexualmente, violando y sodomizando a niños! ¿Cómo puede ser esto? Hombres, que probablemente tenían nobles aspiraciones ¡al mismo tiempo están violando a niños inocentes que fueron confiados a su cuidado espiritual!

Por décadas, aunque más certeramente podemos decir por siglos, los líderes de la Iglesia, en sus *niveles más altos*, mantuvieron lejos del público historias horripilantes del abuso a través de una elaborada cultura ultra secreta, el engaño y la intimidación. Las víctimas que pusieron reclamos del abuso fueron ignorados o se les pagó algo, mientras que los sacerdotes acusados eran transferidos calladamente de parroquia en parroquia o eran enviados a consejería psicológica por cortos períodos. Sin importar los reportes de violación de niños y otras actividades criminales por el clérigo, los líderes de las iglesias no hicieron ningún esfuerzo para informar a las autoridades para que la ley fuera ejecutada.

Jesús, hablando de los niños pequeños, dijo:

> *Y cualquiera que haga tropezar a alguno de estos pequeños que creen en mí, mejor le fuera que se le colgase al cuello una piedra de molino de asno, y que se le hundiese en lo profundo del mar.* —
> *Mateo 18:6*

Puede haber algunas dudas de que un número significativo de hombres que decidieron tomar el voto de celibato lo hicieron porque su orientación sexual estaba en conflicto. Pueden haber luchado contra inclinaciones homosexuales o pedófilas, y en lugar de la búsqueda espiritual y consejería psicológica, cometieron el error de pensar que podrían tomar un voto de celibato e ignorar o reprimir tales tendencias.

Esto no se trata simplemente de que la iglesia sea la representante de la sociedad. ¡El porcentaje de sacerdotes homosexuales y pedófilos en la iglesia es atroz! ¡El problema en proporción es epidémico! **¡<u>Miles</u> de sacerdotes han sido acusados o condenados por abusar sexualmente a niños!** Muchos más han sido implicados, o conspiraron tratando de esconder estas horrendas violaciones "debajo de la alfombra." Yo leí un reporte de un sacerdote que se decía que singularmente fue responsable de abusar más de 200 niños.

> *Y la mujer estaba vestida de púrpura y escarlata, y adornada de oro, de piedras preciosas y de perlas, y*

> *tenía en la mano un cáliz de oro lleno de abominaciones y de la inmundicia de su fornicación; – Apocalipsis 17:4*

Sin duda has oído o leído sobre los casos generalizados de abuso en los Estados Unidos. Según un estudio realizado por *The New York Times,* en el año 2002, cerca de 1,200 sacerdotes fueron acusados de abuso y posteriormente muchos más han sido acusados.

Eso es un fenómeno no sólo en Estados Unidos, sino que sucede alrededor del mundo. Se podría decir que no hay ni un sólo país que no haya sido afectado por estas atrocidades cometidas por el clero católico, con acusaciones de abuso o mal uso de escándalos forzando la resignación de arzobispos en Argentina, Alemania, Austria, Holanda, Irlanda, Gales, Escocia, Canadá, Austria, Suiza y por todos lados del mundo.

A continuación, sigue un fragmento de un artículo del fecha 29 de noviembre de 2009 que apareció en internet bajo el título *Opiniones Cultivadas - noticias, opiniones y comentarios.* Título del artículo: *"La Iglesia católica en Irlanda: El Círculo Pedófilo Más grande del Mundo finalmente expuesto"* (cursiva):

"El tema más controversial para cualquier Católico Romano ha sido la revelación de que los miembros de nuestro clero de iglesia fueron los encargados del horrendo y sistemático abuso físico y sexual de niños en una escala que es casi imposible de comprender. Nunca se conocerán las cifras exactas que revelen cuántas víctimas existen porque este comportamiento ha estado

sucediendo no en años o décadas, sino sin duda por siglos. Tenemos que llegar a un acuerdo con el hecho de que la iglesia católica ha sido el círculo pedófilo más grande del mundo, con los delitos de estos hombres que no se limita simplemente a Irlanda. Prefiero no pensar en estos bastardos como sacerdotes – nunca se unieron a la iglesia para administrar los sacramentos o servir a Dios ni a difundir su palabra – simplemente se unieron para tener acceso a niños inocentes. Eran pedófilos primero y ante todo, nunca fueron verdaderos miembros del clero. Y como los tres simios en la foto, el Vaticano conspiró para ver nada, no escuchar nada y no hacer absolutamente nada."

Imagina la ira de Dios con aquellos que han traído esa gran vergüenza sobre Su Santo Nombre y con aquellos en los niveles más altos de la iglesia católica que han cubierto estos atroces crímenes y repetidamente trasladaron a sacerdotes culpables de lugar en lugar ¡para protegerlos del enjuiciamiento y el castigo!

¡Horrenda cosa es caer en manos del Dios vivo!– Hebreos 10:31

El número de víctimas es desconocido, pero probablemente más de 100 mil vidas han sido dañadas o destruidas por estos actos monstruosos realizados por hombres que se dijeron ser representantes de Dios.

Escucha lo que San Pablo tiene que decir a los líderes religiosos judíos de su día:

"He aquí, tú tienes el sobrenombre de judío, y te apoyas en la ley, y te glorías en Dios, [18]y conoces su voluntad, e instruido por la ley apruebas lo mejor, [19]y confías en que eres guía de los ciegos, luz de los que están en tinieblas, [20]instructor de los indoctos, maestro de niños, que tienes en la ley la forma de la ciencia y de la verdad.

[21]Tú, pues, que enseñas a otro, ¿no te enseñas a ti mismo? Tú que predicas que no se ha de hurtar, ¿hurtas? [22]Tú que dices que no se ha de adulterar, ¿adulteras? Tú que abominas de los ídolos, ¿cometes sacrilegio? [23]Tú que te jactas de la ley, ¿con infracción de la ley deshonras a Dios? [24]Porque como está escrito, el nombre de Dios es blasfemado entre los gentiles por causa de vosotros. – Romanos 2:17-24

Ahora, vamos a cambiar unas pocas palabras y ver lo que Pablo podría decir a la jerarquía de la iglesia católica hoy en día...

*"Lo que se llaman a sí mismos **sacerdotes, obispos, cardenales** se basan en la ley de Dios y se jactan acerca de su relación especial con Él. Ustedes saben lo que Dios quiere; Saben lo que es correcto porque se os ha enseñado su ley. Están convencidos de que son guía de ciegos y una luz para las personas que se pierden en la oscuridad. Creen que pueden instruir a los ignorantes y enseñar a los niños los caminos de Dios. Porque ustedes están seguros de que la ley de Dios les da la verdad y conocimiento completa.*

*Pues bien, si enseñan a otros, ¿por qué no se enseñan a ustedes mismos? Ustedes les dicen a otros que no roben, pero ¿ustedes roban? Ustedes le dicen a otros que es error cometer adulterio, pero ¿**abusan sexualmente de niños inocentes**? Ustedes condenan la idolatría, pero ¿**se postran y rezan a estatuas y llaman a los muertos para que les ayuden**? Están tan orgullosos de conocer la ley, pero deshonran a Dios al romper la ley. No es de extrañar que las escrituras digan, "los gentiles blasfeman el nombre de Dios por causa de vosotros".*

Recientemente escuché a una mujer decir que ya no se sentía bien con ir a confesar sus pecados a un sacerdote. Ella especulaba que los pecados del sacerdote podrían ser peores que los de ella; también dijo que había decidido que iba a confesar sus pecados directamente a Dios. ¡Me imagino a Dios sonriendo y quizá hasta aplaudiendo!

¿Qué Salió Mal?

La "santificación" es el término bíblico que se refiere al proceso por el cual somos más como Dios en nuestros pensamientos, acciones y actitudes cuando crecemos en nuestra relación personal con Él.

La Palabra de Dios es verdad y al leerla y estudiarla venimos a ser santificados (crecer en la santidad).

Yo creo que es seguro decir que es raro encontrar un sacerdote que estudie la palabra de Dios diariamente. Así como los files de la iglesia han sido engañados, también hay sacerdotes que han sido engañados al pensar que su principal relación debe ser con la iglesia en vez de serlo con Dios mismo. Cualquier persona que no esté cultivando su relación con Dios es especialmente vulnerable a todo tipo de tentaciones pecaminosas.

Jesús, orando a Dios Padre por sus discípulos y por aquellos que creyeran en Él en el futuro (nosotros), oró de esta forma,

> *"Santifícalos en tu verdad; tu palabra es verdad. [18] Como tú me enviaste al mundo, así yo los he enviado al mundo. [19] Y por ellos yo me santifico a mí mismo, para que también ellos sean santificados en la verdad"* – Juan 17:17-19

San Pablo tenía esto que decir respecto al pecado sexual:

> *Pues la voluntad de Dios es vuestra santificación; que os apartéis de fornicación; [4] que cada uno de vosotros sepa tener su propia esposa en santidad y honor; [5] no en pasión de concupiscencia, como los gentiles que no conocen a Dios*
> *– 1 Tesalonicenses 4:3-5*

Evitar el pecado sexual, o cualquier tentación fuerte, no es cuestión de fuerza de voluntad. Es deseable tratar de vivir de una manera que agrada a Dios, pero no se puede hacer únicamente con la fuerza de voluntad. San Pablo hace evidente que algo nos supera en tales luchas.

> *Porque no tenemos lucha contra sangre y carne, sino contra principados, contra potestades, contra los gobernadores de las tinieblas de este siglo, contra huestes espirituales de maldad en las regiones celestes. – Efesios 6:12*

Pablo nos advierte que nos pongamos cada pieza de la armadura de Dios para que seamos capaces de resistir las tentaciones pecaminosas, y que después de la batalla sigamos firmes de pie.

> *Estad, pues, firmes, ceñidos vuestros lomos con la verdad, y vestidos con la coraza de justicia, [15] y calzados los pies con el apresto del evangelio de la paz. [16] Sobre todo, tomad el escudo de la fe, con que podáis apagar todos los dardos de fuego del maligno. – Efesios 6:14-16*

Y finalmente debemos:

> *Y tomad el yelmo de la salvación, y la espada del Espíritu, que es la palabra de Dios – Efesios 6:17*

La columna vertebral de nuestra relación con Dios siempre regresa a conocer Su Palabra.

Aprobando la Adoración de otras "Deidades"

La Iglesia Católica Romana no participa directamente en ritos satánicos o cultos, sin embargo, permite a millones de sus miembros en gran parte del mundo participen en ceremonias satánicas donde se adoran otras deidades y espíritus. Un domingo típico la gente puede asistir a la misa de la mañana y en la tarde participar en las ceremonias reprensibles que son ofensivas para Dios.

La jerarquía de la iglesia preferiría conservar a sus miembros, que es la base de poder y fuente de ingresos, antes que alienarlos y exigirles que elijan entre adorar al único Dios verdadero o la adoración de varios "dioses" y espíritus. El poder y el incremento de ingresos financieros han demostrado ser más importante para la iglesia católica que la condición espiritual y la salvación eterna del pueblo.

En Haití y otros países del Caribe es el **Voodoo** o vudú, una fusión de elementos rituales católicos romanos, el animismo y la magia de África en el que un Dios Supremo gobierna un gran Panteón de divinidades, ancestros deificados y santos católicos quien se comunican con adoradores a través de sueños, trances y posesiones demoníacas. Un sacerdote o sacerdotisa lidera a los adoradores en ceremonias de canto, danza, tambores, oración y sacrificios - ¡tanto animales como *humanos*!

El primer presidente democráticamente electo de Haití, Jean-Bertrand Arístides, fue un sacerdote católico antes de ser elegido Presidente. Siendo presidente participó personalmente en las ceremonias de vudú y en discursos, y a través de apoyo financiero del gobierno alentó públicamente a la práctica del vudú.

Se cree ampliamente que su sucesor, el Presidente René Preval, ha participado en las ceremonias de vudú en el Palacio presidencial que implicó el sacrificio de niños.

Hay un dicho en Haití: "el 85% de los haitianos son católicos, pero todos ellos practican vudú." una exageración, da una idea de la cultura religiosa en el país y de cómo la iglesia ha fallado en no hacer lo correcto.

Y clamó con voz potente, diciendo: Ha caído, ha caído la gran Babilonia, y se ha hecho habitación de demonios y guarida de todo espíritu inmundo, y albergue de toda ave inmunda y aborrecible. – Apocalipsis 18:2

La **Santería** es un movimiento religioso que se originó en Cuba y se ha expandido a Latino América. La santería combina creencias y prácticas Africanas con elementos del Catolicismo Romano. Esto incluye creer en un ser supremo aunque la adoración y los rituales se centran en deidades o santos patrones (con paralelismo a los santos Romanos Católicos). Las prácticas incluyen trances de danza, tamboreo rítmico, posesión de espíritus demoníacos y sacrificios de animales.

En Brasil existe la **Macumba**, una religión Afro-Brasileña caracterizada por una fusión de religiones africanas, el espiritismo brasileño y el Catolicismo Romano. Los elementos africanos incluyen el sacrificio de animales, ofrendas de alcohol y bailes. Los ritos de la Macumba son conducidos por médiums que caen postrados en trances y se comunican con espíritus "santos". Los elementos católicos incluyen la cruz y la adoración de los santos que reciben nombres africanos.

Esto es donde los líderes piadosos de la iglesia están obligados a ejercer algo de la influencia que tienen sobre los miembros de su iglesia. Aquí es donde necesitan tomar una posición y decir, "¡No! Esto está mal. ¡Usted no puede ser miembro de nuestra iglesia y a la vez adorar a otros "dioses"! ¡Usted debe elegir!" Sin embargo, la respuesta del clero de la iglesia católica ha sido…………… (silencio)

En la década de 1700 Haití era la colonia más rica de Francia y fue conocida como la Perla de las Antillas por su singular belleza. La población consistía en esclavos que habían sido llevados a Haití desde África. Los indígenas habían muerto de enfermedades para las cuales no tenían inmunidad. En 1791 un grupo de sacerdotes vudús hizo un pacto con el diablo: si él les ayudaba a liberar a Haití del gobierno de los franceses, le dedicarían el país a Satanás durante 200 años. El levantamiento posterior tuvo éxito y Haití se convirtió en una nación en 1804.

No en vano, Haití es ahora el país más pobre del hemisferio occidental. El desempleo es superior al 80%, la mayoría de los árboles han sido talados, la erosión del océano ha lavado los suelos que una vez fueron fértiles. En algunos lugares se comen empanadas de barro seco condimentado para aliviar los dolores del hambre. Jesús advirtió que el diablo viene a robar, matar y destruir.

Los problemas de Haití en la superficie parecen ser lo económico, pero en realidad son espirituales.

La casa de un sacerdote vudú en Haití

Capítulo 5

Nuestra Relación con Dios

Nuestra Naturaleza Pecaminosa

Cuando la Biblia habla de una persona, gente, lugar u objeto como santo, generalmente significa "ser apartado para Dios." En la versión Reina Valera 1960, hay un pasaje que habla del Dios inspirador de las Sagradas Escrituras. Dice:

> *"Porque nunca la profecía fue traída por voluntad humana, sino que los santos hombres de Dios hablaron siendo inspirados por el Espíritu Santo." – 2 Pedro 1:21 (RV)*

Aquí se utiliza "santos hombres de Dios" y se refiere a ellos siendo puestos aparte para un propósito especial para el cual Dios los eligió. Esto no significa que eran perfectos y sin pecado.

Asimismo los hijos de Israel fueron instruidos de esta forma:

> *Harás vestiduras sagradas a Aarón, tu hermano, que le den honra y hermosura. – Éxodo 28:2 (RV)*

Por supuesto esto no significa que la ropa sería sin pecado, pero que debían ser especiales y puestas a un lado para los propósitos de Dios.

Aquellos que hemos invitado a Jesús como el Señor de nuestras vidas, somos llamados a ser santos. Es decir, somos desafiados a vivir una vida sin mancha ni culpa con la ayuda del Espíritu Santo que vive dentro de nosotros.

> *Como hijos obedientes, no os conforméis a los deseos que antes teníais estando en vuestra ignorancia, [15] sino, así como aquel que os llamó es santo, sed también vosotros santos en toda vuestra manera de vivir, [16] porque escrito está: "Sed santos, porque yo soy santo." 1 Pedro 1:14-16*

Además de Adán y Eva antes de la caída, el único mencionado en la Biblia que no tiene pecado es Dios, incluyendo a Dios Hijo, Jesucristo.

Desde Abraham, Isaac y Jacob del Antiguo Testamento, incluyendo a María, Pedro, Pablo y los escritores de los cuatro Evangelios en el nuevo testamento todos fueron pecadores como tú y yo.

San Pablo, a quien se le atribuye más de la mitad de los libros de las escrituras en el nuevo testamento por la inspiración del Espíritu Santo, dijo esto sobre sí mismo:

> *Y yo sé que en mí, esto es, en mi carne, no habita el bien, porque el querer el bien está en mí, pero no el hacerlo. [19] No hago el bien que quiero, sino el mal que no quiero, eso hago. [20] Y si hago lo que no quiero, ya no lo hago yo, sino el pecado que está en mí. [21] Así que,*

queriendo yo hacer el bien, hallo esta ley: que el mal está en mí, ²²pues según el hombre interior, me deleito en la ley de Dios; ²³pero veo otra ley en mis miembros, que se rebela contra la ley de mi mente, y que me lleva cautivo a la ley del pecado que está en mis miembros. ²⁴¡Miserable de mí! ¿Quién me librará de este cuerpo de muerte? - Romanos 7:18-24

Y luego responde su propia pregunta:

"¡Gracias a Dios! La respuesta está en Jesucristo nuestro Señor." – Romanos 7:25

Podríamos llamar a Pablo un hombre "santo" de Dios desde la perspectiva que fue escogido por Dios y apartado para predicar y enseñar la Palabra de Dios. Pero no podemos llamarlo un hombre sin pecado porque vemos que por su propia admisión no fue así.

Culpa, Penitencia y Buenas Obras

Martin Lutero, el rebelde monje alemán, a menudo se sentía abrumado por la virulencia de su naturaleza pecaminosa. En un esfuerzo por poner su cuerpo pecaminoso bajo control, confesaba obsesivamente sus pecados y se flagelaba a sí mismo, pero sin ningún resultado.

Todos nacemos con una naturaleza pecaminosa que nos lleva al pecado. Estudiando las escrituras Martin Lutero descubrió que estaba luchando una batalla perdida, pero que Dios no espera que nosotros vivamos sin pecado. Dios sabe que no podemos lograrlo, fue por esa razón que envió a Su inocente Hijo para pagar el precio completo por nuestros pecados. ¡Debido al sacrificio de Jesús por nosotros, Dios nos ve como justificados! Su palabra nos dice que Él ha removido nuestros pecados de nosotros tan lejos como el Este está del Oeste. **¡Sí, así es: tú y yo estamos sin pecado ante los ojos de Dios!**

Martin Lutero expresó su descubrimiento a la iglesia católica y discrepó con el énfasis en la importancia de hacer buenas obras, de hacer penitencia, y/o pagando grandes sumas de dinero a la iglesia para ganarse el favor de Dios. El estudio de las escrituras de Lutero le dijo que la gente es salvada de sus pecados sólo por la gracia y por la misericordia de Dios.

No podemos hacer nada para ganar el amor y el perdón de Dios; es un regalo de un Dios amante y misericordioso.

> *Porque por gracia sois salvos por medio de la fe; y esto no de vosotros, pues es don de Dios. [9] No por obras, para que nadie se gloríe, [10] pues somos hechura suya, creados en Cristo Jesús para buenas obras, las cuales Dios preparó de antemano para que anduviéramos en ellas.– Efesios 2:8-9*

La idea de la "penitencia" no viene de la mente Dios sino de los hombres que tratan de encontrar favor con Dios haciendo algo para aplacar y apartar la ira de Dios. Pero el Dios que se nos revela en la Biblia no es así: Él es un Dios de misericordia y compasión que está dispuesto a perdonar a todos los que vienen a Él en el nombre de Su Hijo Jesucristo.

Escucha cómo Dios se describe a sí mismo:

Descendió Jehová en la nube y permaneció allí junto a él [Moisés]; y él proclamó el nombre de Jehová. ⁶Jehová pasó por delante de él y exclamó: "¡Jehová! ¡Jehová! Dios fuerte, misericordioso y piadoso; tardo para la ira y grande en misericordia y verdad, ⁷que guarda misericordia a millares, que perdona la iniquidad, la rebelión y el pecado, pero que de ningún modo tendrá por inocente al malvado; que castiga la maldad de los padres en los hijos y en los hijos de los hijos, hasta la tercera y cuarta generación. - Éxodo 34:5-7

Y así es como San Pablo describe el increíble amor de Dios:

> *Y que seáis plenamente capaces de comprender con todos los santos cuál sea la anchura, la longitud, la profundidad y la altura, [19] y de conocer el amor de Cristo, que excede a todo conocimiento, para que seáis llenos de toda la plenitud de Dios.*
> *- Efesios 3:18-19*

Y luego escribe,

> *Mas Dios muestra su amor para con nosotros, en que siendo aún pecadores, Cristo murió por nosotros. - Romanos 5:8*

En otras palabras, Dios no dijo: "limpia tu vida y luego ven a verme." Dios pagó por nuestros pecados Él mismo y luego nos invita a recibir gratis su regalo de vida eterna, confiando en el sacrificio de su Hijo como pago completo por nuestros pecados.

Una vez que hemos hecho a Jesús el Señor de nuestra vida, no seguiremos cometiendo pecados voluntariamente porque sabemos que le desagradan a Dios. Y cuando fallemos, sólo necesitamos reconocer nuestras fallas y pedir perdón.

> *Si confesamos nuestros pecados, él es fiel y justo para perdonar nuestros pecados, y limpiarnos de toda maldad.- 1 Juan 1:9*

Como dice San Pablo, ya no nos pertenecemos a nosotros mismos porque nos compró con el precio de la sangre de Jesús.

¿Podremos alguna vez Estar Seguros de Nuestra Salvación?

Mucha gente no está segura respecto a su salvación. Como hemos discutido en la sección del Purgatorio, no hay nada que podamos hacer que contribuya a nuestra salvación porque Jesús pagó la pena completa por nuestros pecados y no hay nada más que podamos hacer para estar bien con Dios.

Pero luego leemos en la Biblia,

> *"¿No sabéis que los injustos no heredarán el reino de Dios? No erréis; ni los fornicarios, ni los idólatras, ni los adúlteros, ni los afeminados, ni los que se echan con varones, ¹⁰ ni los ladrones, ni los avaros, ni los borrachos, ni los maldicientes, ni los estafadores, heredarán el reino de Dios."*
> *- 1 Corintios 6:9-10*

...y otra vez empezamos a cuestionar nuestra salvación. ¿Somos lo suficientemente buenos?

Pablo continúa…

> *Y esto erais algunos; mas ya habéis sido lavados, ya habéis sido santificados, ya habéis sido justificados en el nombre del Señor Jesús, y por el Espíritu de nuestro Dios. – 1 Corintios 6:11*

Así que nuestros pecados son perdonados sin importar qué tan malos eran, pero ¿qué pasa con los pecados que seguimos cometiendo? Ciertamente no podemos seguir pecando voluntariamente y esperar que Dios continúe perdonándonos, ¿o sí? No, no podemos. Todo seguiremos pecando mientras vivamos en estos cuerpos pecaminosos, terrenales, pero cuando lo hacemos intencionalmente, tenemos que arrepentirnos y confesarlo como pecado. La confesión es nada más que reconocer ante Dios que hicimos algo malo y pedimos perdón. Si nuestra confesión y arrepentimiento son sinceros, Dios nos perdonará y restaurará la relación que hemos violado por nuestra propia voluntad. Por otro lado...

> *"Porque si pecáremos voluntariamente después de haber recibido el conocimiento de la verdad, ya no queda más sacrificio por los pecados, ²⁷sino una horrenda expectación de juicio, y de hervor de fuego que ha de devorar a los adversarios."*
> *- Hebreos 10:26-27*

La Biblia nos dice que creer en Jesucristo nos da el derecho de ser llamados hijos de Dios y el derecho de ir a su trono y hablar con Él en oración de la forma que los hijos hablan con un padre porque saben que son amados. Esa nueva relación está destinada a durar para siempre. Jesús dijo que nunca permitirá que Satanás nos arrebate de sus manos.

Una relación con Dios como la institución del matrimonio

De alguna manera nuestra relación con Dios es como el matrimonio: Después que dejamos el altar ya estamos casados. ¡Ahora es oficial! La nueva relación está diseñada para que sea permanente; inevitablemente experimentaremos altibajos. Habrá veces que ofendemos a nuestro cónyuge, tal vez se nos olvida el cumpleaños de la otra persona o estamos absortos en otras cosas que dejamos de pasar tiempo personal uno con el otro. Pudiera suceder que nuestra pareja se ponga celosa o enojada por algo que hicimos. Incluso podemos ser infieles a nuestra pareja y provocar gran ofensa. PERO, a través de todo **seguimos casados**; seguimos en esa relación especial. Si nos sentimos mal por nuestros defectos y si nuestra pareja tiene la facultad de perdonar, como Dios lo hace, él o ella nos perdonarán de los errores que hicimos y seguirá amándonos. La relación sigue intacta.

El Espíritu Santo reside en nosotros en el momento que cruzamos el umbral de la fe y creemos que Jesús murió por nuestros pecados y lo confesamos como nuestro Señor y Salvador. En ese instante hemos entrado en una relación salvadora con Dios, lo cual es muy parecido al ejemplo anterior. Dios sabe que van a haber altibajos: lo vamos a ofender, podemos provocarlo a celos por la forma que utilizamos nuestro tiempo y las cosas que hacemos como prioridades. Nosotros podemos caer en pecado de la carne e incluso podemos ser totalmente infieles a Dios durante un tiempo, pero la relación continúa… **¡No hemos perdido nuestra salvación!** Dios trabaja pacientemente para acercarnos al arrepentimiento porque quiere que la relación permanezca intacta. La única manera que Dios dejará la relación es si <u>nosotros</u> no la valoramos. Si insistimos en <u>nuestra</u> propia manera de hacer las cosas y nos negamos a trabajar en la relación, llegará un momento en que la paciencia de Dios se agote…y entonces Su Espíritu Santo nos dejará porque <u>nosotros</u> rompimos la relación al mostrar nuestro desprecio hacia Dios.

Me gustaría decir que tenemos que hacer a Jesús **"el Señor de nuestra vida."** Lo que significa para mí es que no sólo creemos en su muerte en la cruz como pago completo por nuestros pecados, sino también tratamos de agradarle en nuestra vida cotidiana porque la vida ya no nos pertenece, Él nos ha comprado con el precio de su preciosa sangre. Todo se lo debemos a Dios.

Una vez que estamos en una relación con el Dios vivo, debemos hacer nuestra parte para mantener esa relación saludable. Hay cuatro cosas que debemos hacer para proteger nuestra nueva relación:

1.   **Leer la Biblia** y dejar que Dios nos hable a través de Su Palabra. Es a través de la Biblia que llegamos a conocer a Dios más íntimamente y empezamos a comprender Su carácter y Su amor admirable por nosotros. Su Palabra tiene el poder para transformar nuestras vidas y nos cambia de adentro hacia afuera.

2.   **Hablar con Dios** en oración. Cada relación requiere comunicación de dos vías. Él quiere escuchar de nosotros y quiere que nosotros le pidamos lo que necesitamos y le agradezcamos por todo lo que hace por nosotros. Dios oye y contesta las oraciones de sus hijos.

3.   **Ser cuidadoso en la elección de amigos cercanos**. La Biblia nos dice que "la mala compañía corrompe el buen carácter." Si podemos ser tentados a usar drogas, no debemos estar con personas que utilizan o venden drogas. Si somos vulnerables a la tentación sexual, necesitamos alejarnos de aquellos que pueden incitarnos a pecar sexualmente.

4.   **Compartir con otros acerca de Jesús** y sobre nuestra relación con Dios. Es el deseo de Dios que todas las personas

vengan a Él y sean salvos. Él nos ha dado la responsabilidad de compartir las buenas nuevas con los demás.

Al hacer estas cuatro cosas estamos invirtiendo en nuestra relación con Dios, y Satanás no podrá interponerse entre nosotros.

Dios llamó al rey David un hombre que iba tras su propio corazón. Observa esta oración del corazón de David.

> *"¿Quién podrá entender sus propios errores? Líbrame de los que me son ocultos. [13] Preserva también a tu siervo de las soberbias; Que no se enseñoreen de mí; Entonces seré íntegro, y estaré limpio de gran rebelión. [14] Sean gratos los dichos de mi boca y la meditación de mi corazón delante de ti, Oh Jehová, roca mía, y redentor mío."*
> *- Salmos 19:12-14*

Por lo tanto la respuesta a la pregunta, "¿Podemos estar seguros de nuestra salvación?" es un rotundo "¡Sí! ¡¡Absolutamente!" Si hacemos de Jesús el Señor de nuestra vida pasaremos la eternidad con Él. Nuestros continuos fracasos de querer vivir sin pecado no serán contra nosotros porque Jesús pagó la pena completa por todo pecado. Dios nos ve como intachables, lavados por la sangre de Su Hijo amado.

> *Y a aquel que es poderoso para guardaros sin caída, y presentaros sin mancha delante de su gloria con gran alegría. – Judas vs. 24*

Leyendo la Biblia

Yo animo a todo lector de este libro a que lea la Biblia regularmente. Tú necesitas saber lo que dice la Biblia. Revisa cuidadosamente todo lo que te dicen y, en caso que hubiera algo que no es respaldado con las Escrituras, podrás concluir que es pensamiento humano y que puede o no ser válido.

Al leer la palabra de Dios, pídele que abra tu mente y que te ayude a entender lo que lees. Es *Su* palabra y te la dio a *ti*, por lo cual Dios tiene un gran interés en ayudarte a comprenderla.

Hay un gran valor en la lectura de la palabra de Dios.

> *Toda la Escritura es inspirada por Dios, y útil para enseñar, para redargüir, para corregir, para instruir en justicia [17] a fin de que el hombre de Dios sea perfecto, enteramente preparado para toda buena obra.- 2 Timoteo 3:16-17*

En esta escritura, "hombre de Dios," no hace referencia a los hombres en la jerarquía de la iglesia. Significa tú y yo, hombres y mujeres seguidores de Jesucristo. Necesitamos saber lo que dice la palabra de Dios para que no seamos engañados por charlatanes que hablan de parte de Dios.

Necesitamos conocer Su voluntad para nuestras vidas. Dios tiene planes para cada uno de nosotros que se hicieron antes de que naciéramos, pero necesitamos estar en la sintonía de Dios para oírle.

Porque somos hechura suya, creados en Cristo Jesús para buenas obras, las cuales Dios preparó de antemano para que anduviésemos en ellas.
– Efesios 2:10

Capítulo 6

La iglesia responderá a un Dios Santo

La Ira Justificada de Dios

Dios es amoroso, amable, misericordioso y perdonador...con aquellos a quienes considera inocentes debido a su fe y confianza en lo que Jesús hizo por ellos en la cruz.

Pero no debemos olvidar que también es un Dios Santo que no tolera la maldad, y en particular no tolera a quienes sostienen que son sus representantes, mas desprecian sus mandatos o participan en flagrante inmoralidad. A estos se les considera en un nivel superior.

Las siguientes son tres historias de la Biblia que ilustran la ira justificada de Dios contra el pecado. Como se verá, la tolerancia de Dios es muy baja en estos ejemplos.

En Levítico capítulo 10, Aarón es el sumo sacerdote. Sus hijos, Nadab y Abiú, también son sacerdotes y tomaron con libertinaje el servicio a Dios por no seguir instrucciones específicas que Dios les había dado.

> *Nadab y Abiú, hijos de Aarón, tomaron cada uno su incensario, y pusieron en ellos fuego, sobre el cual pusieron incienso, y ofrecieron delante de Jehová fuego extraño, que él nunca les mandó. ² Y salió fuego de*

delante de Jehová y los quemó, y murieron delante de Jehová. ³Entonces dijo Moisés a Aarón: Esto es lo que habló Jehová, diciendo: En los que a mí se acercan me santificaré, y en presencia de todo el pueblo seré glorificado. Y Aarón calló. ⁴Y llamó Moisés a Misael y a Elzafán, hijos de Uziel tío de Aarón, y les dijo: Acercaos y sacad a vuestros hermanos de delante del santuario, fuera del campamento. ⁵Y ellos se acercaron y los sacaron con sus túnicas fuera del campamento, como dijo Moisés. ⁶Entonces Moisés dijo a Aarón, y a Eleazar e Itamar sus hijos: No descubráis vuestras cabezas, ni rasguéis vuestros vestidos en señal de duelo, para que no muráis, ni se levante la ira sobre toda la congregación; pero vuestros hermanos, toda la casa de Israel, sí lamentarán por el incendio que Jehová ha hecho. ⁷Ni saldréis de la puerta del tabernáculo de reunión, porque moriréis; por cuanto el aceite de la unción de Jehová está sobre vosotros. Y ellos hicieron conforme al dicho de Moisés.
– Levíticos 10:1-7

Luego vemos la ira justificada de Dios sobre la idolatría.

Y Jehová dijo a Moisés: Toma a todos los príncipes del pueblo, y ahórcalos ante Jehová delante del sol, y el ardor de la ira de Jehová se apartará de Israel. ⁵Entonces Moisés dijo a los jueces de Israel: Matad cada uno a aquellos de los vuestros que se han juntado con Baal-peor. ⁶Y he aquí un varón de los hijos de Israel vino y trajo una madianita a sus hermanos, a ojos de Moisés y de toda la congregación de los hijos de Israel, mientras lloraban ellos a la puerta del tabernáculo de reunión. ⁷Y lo vio Finees hijo de Eleazar, hijo del sacerdote Aarón, y se levantó de en medio de la congregación, y tomó una lanza en su mano; ⁸y fue tras el varón de Israel a la tienda, y los alanceó a ambos, al varón de Israel, y a la mujer por su vientre. Y cesó la mortandad de los hijos de Israel. ⁹Y murieron de aquella mortandad veinticuatro mil. ¹⁰Entonces Jehová habló a Moisés, diciendo: ¹¹Finees hijo de Eleazar, hijo del sacerdote Aarón, ha hecho apartar mi furor de los hijos de Israel, llevado de celo entre ellos; por lo cual yo no he consumido en mi celo a los hijos de Israel. ¹²Por tanto diles: He aquí yo establezco mi pacto de paz con él; ¹³y tendrá él, y su descendencia después de él, el pacto del sacerdocio perpetuo, por cuanto tuvo celo por su Dios e hizo expiación por los hijos de Israel. – Números 25:4-13

Por último, el rey David encolerizó mucho a Dios cuando hizo un censo de todos los hombres de Israel que fueran capaces de manejar una espada. David buscaba la fuerza humana como una garantía en vez de confiar en el Señor, quien siempre había sido su Libertador. Cuando el rey David se dio cuenta que había hecho una cosa muy tonta, confesó su pecado y le pidió perdón a Dios.

Asimismo esto desagradó a Dios, e hirió a Israel. ⁸Entonces dijo David a Dios: He pecado gravemente al hacer esto; te ruego que quites la iniquidad de tu siervo, porque he hecho muy locamente. ⁹Y habló

Jehová a Gad, vidente de David, diciendo: [10] Ve y habla a David, y dile: Así ha dicho Jehová: Tres cosas te propongo; escoge de ellas una que yo haga contigo. [11] Y viniendo Gad a David, le dijo: Así ha dicho Jehová: [12] Escoge para ti: o tres años de hambre, o por tres meses ser derrotado delante de tus enemigos con la espada de tus adversarios, o por tres días la espada de Jehová, esto es, la peste en la tierra, y que el ángel de Jehová haga destrucción en todos los términos de Israel. Mira, pues, qué responderé al que me ha enviado. [13] Entonces David dijo a Gad: Estoy en grande angustia. Ruego que yo caiga en la mano de Jehová, porque sus misericordias son muchas en extremo; pero que no caiga en manos de hombres. [14] Así Jehová envió una peste en Israel, y <u>murieron de Israel setenta mil hombres</u>. [15] Y envió Jehová el ángel a Jerusalén para destruirla; pero cuando él estaba destruyendo, miró Jehová y se arrepintió de aquel mal, y dijo al ángel que destruía: Basta ya; detén tu mano. El ángel de Jehová estaba junto a la era de Ornán jebuseo.
– 1 Crónicas 21: 7-15

¿Está Dios Llamando a Su Pueblo a que dejen la Iglesia Romana Católica?

En lugar de guiar a la gente a una relación con el Dios viviente, la Iglesia Católica Romana ha llevado incontables miles de millones de almas a una relación con una institución codiciosa y corrupta que los ha engañado con doctrinas no-bíblicas hechas por el hombre.

El libro de Apocalipsis contiene gran número de imágenes que es difícil de entender. Sin embargo, considero que cuando se reconstruyen las pistas dadas en el Capítulo 7 de este libro, no me caben dudas que la gran ramera que menciona la Biblia es el sistema de la Iglesia Católica Romana. Pero tendrás que decidir por ti mismo.

> *Y oí otra voz del cielo, que decía: Salid de ella, pueblo mío, para que no seáis partícipes de sus pecados, ni recibáis parte de sus plagas; ⁵porque sus pecados han llegado hasta el cielo, y Dios se ha acordado de sus maldades. – Apocalipsis 18:4-5*

Hay muchas personas que temen y respetan a Dios, son hombres y mujeres amorosos que están en la iglesia católica y que han buscado a Dios en la Biblia y lo encontraron. Ellos tienen una relación personal con su Creador y Redentor, reconocen muchos de los fracasos de la iglesia, pero quizá nunca han pensado seriamente dejarla a un lado. Algunos incluso han intentado reformarla desde adentro pero con muy poco éxito.

Capítulo 7

Pistas de Profecía de los Últimos Días

Dios en Su sabiduría eligió darnos pistas de la identidad de la gran prostituta descritas en Apocalipsis capítulos 17 y 18. Para discernir a quién se dirige nos corresponde reunir esas pistas; aquí está un resumen:

1. Ella gobierna desde una ciudad con siete colinas conocidas como Babilonia
2. Ella gobierna sobre masas de gente de cada nación y lengua
3. Los reyes de la tierra han cometido adulterio con ella
4. La sangre del pueblo de Dios está en las manos de ella
5. Sus extravagancias han hecho adinerados a los comerciantes de la tierra
6. La música y las voces felices de las novias y sus novios nunca se oirá en ella de nuevo

Ella Gobierna desde una
Ciudad con Siete Colinas

"Esto, para la mente que tenga sabiduría: Las siete cabezas son siete montes, sobre los cuales se sienta la mujer." También representan siete reyes.
– Apocalipsis 17:9

La ciudad de Roma siempre ha sido conocida como la ciudad de las siete colinas. De hecho, notas del capítulo 17 de Apocalipsis en la Biblia *New American Bible* y la *Biblia de Jerusalén*, <u>ambas traducciones católicas</u>, dicen que las siete colinas son las Siete Colinas de Roma. La ciudad del Vaticano es un país soberano independiente ubicado en el corazón de Roma, la ciudad capital de Italia.

Dentro de la ciudad del Vaticano, entre otros edificios, está la Basílica de San Pedro, la iglesia más grande del mundo, la Capilla Sixtina, el Museo del Vaticano, el Palacio Apostólico, la residencia del Papa, el Palacio de la Gobernación y la biblioteca del Vaticano. El Vaticano está bajo la autoridad absoluta del Papa de la Iglesia Católica Romana.

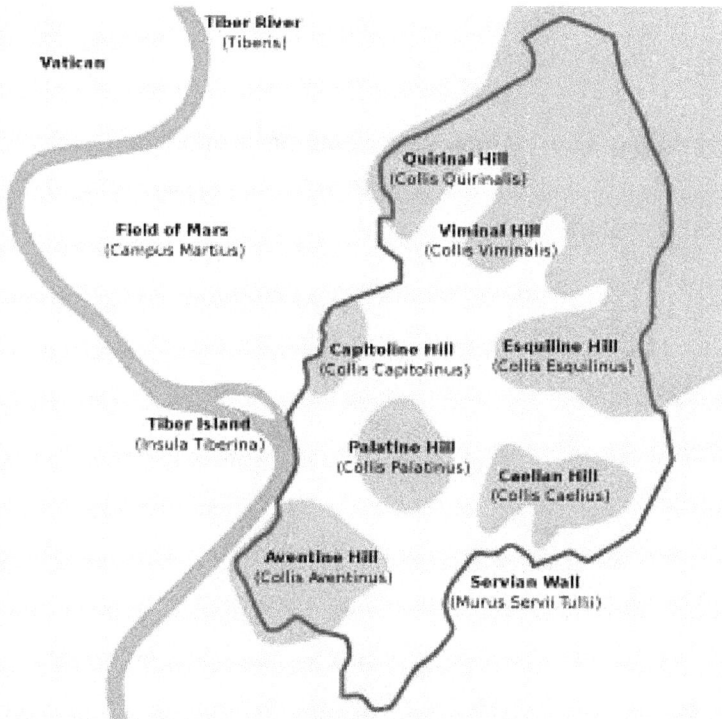

Las Siete Colinas de Roma

En el momento en que el libro de Apocalipsis fue escrito, los primeros cristianos eran perseguidos por Roma, conocida históricamente como las "Ciudad de las Siete Colinas".

La Enciclopedia Católica declara:
"El área entera del Vaticano está confinada dentro de la ciudad de Roma, llamada la ciudad de las siete colinas".

Ella gobierna sobre las Masas de Gente de Toda Lengua y Nación

Me dijo también: Las aguas que has visto donde la ramera se sienta, son pueblos, muchedumbres, naciones y lenguas. – Apocalipsis 17:15

La iglesia católica estima su asociación a nivel mundial con unos 1.2 billones de personas... aproximadamente una sexta parte de la población mundial.

Si tienes acceso a una computadora podrías hacer una búsqueda de uno o más de las siguientes naciones:

Iglesia Romana Católica en Algeria, Albania, Andorra, Angola, Argentina, Armenia, Australia, Austria, Bangladesh, Brunei, Las Islas Bahamas, Bielorrusia, Bélgica, Belice, Bolivia, Bosnia y Herzegovina, Brasil, Bulgaria, Brunas, Canadá, Chile, China, Colombia, Costa Rica, Croacia, Cuba, La República Checa, Costa de Marfil, Dinamarca, Dominica, la República Dominicana, Ecuador, Egipto, El Salvador, Guinea Ecuatorial, Estonia, Etiopia, República de Fiyi, Finlandia, Francia, Guayana Francesa, Ghana, Guatemala, Gambia, Alemania, Guyana, Haití, Honduras, Hong Kong, Hungría, Islandia, India, Indonesia, Irak, Irlanda, Israel, Italia, Jamaica, Japón, Kenia, Corea, Líbano, Letonia, Lituania, Luxemburgo, Islas Mauricio, Macao, Madagascar, Malasia, México, Namibia, Corea del Norte, Países Bajos, Antillas Holandesas, Nueva Zelandia, Nicaragua, Nigeria, Noriega, Papuasia, Nueva Guinea, Pakistán, Panamá, Paraguay, Perú, Islas Filipinas, Polonia, Portugal, Puerto Rico, Rusia, Sur África, Sri Lanka, las Islas Salomón, Corea del Sur, Santa Lucía, Escocia, Serbia, Sierra León, Singapur, Eslovenia, España, Suiza, Santo Tomás y Príncipe, Taiwán, Tailandia, Tonga, Trinidad y Tobago, Uganda, El Reino Unido, los Estados Unidos, Uruguay, Vanuatu, Venezuela, Vietnam, Yemen, Zambia, Zimbabue,

La Mujer es una Ciudad

Y la mujer que has visto es la gran ciudad que reina sobre los reyes de la tierra." – Apocalipsis 17:18

Los Reyes del Mundo Han Cometido Adulterio con Ella

Porque todas las naciones han bebido del vino del furor de su fornicación; y los reyes de la tierra han fornicado con ella, y los mercaderes de la tierra se han enriquecido de la potencia de sus deleites." – Apocalipsis 18:3

La Iglesia Católica Romana siempre ha estado preocupada por el dinero y el poder. Sus papas han orquestado relaciones inmorales pero económicamente ventajosas con muchos de los reyes y gobernantes del mundo.

Una larga línea de papas ha reclamado el dominio sobre el mundo cristiano entero y han exigido obediencia y el pago de impuestos a la iglesia.

En su libro, *Una Mujer Cabalga la bestia* © 1994, el investigador profético Dave Hunt señala que la Biblia claramente habla de adulterio espiritual y no de la clase física.

"La fornicación y el adulterio se usan en la Biblia en lo físico y en el sentido espiritual. Dios dijo de Jerusalén, "¿Cómo te has convertido en ramera, tú la ciudad fiel?" (Isaías 1:21). Israel, a quien Dios había puesto aparte de todos los otros pueblos a ser Santa para Sus propósitos, había entrado en alianzas profanas y adúlteras con las Naciones idolatras sobre ella. No hay manera que una ciudad pudiera participar en fornicación literal o carnal. Así podemos concluir solamente que Juan, como los profetas en el Antiguo Testamento, está utilizando el término en su sentido espiritual. La ciudad, por lo tanto, debe reclamar una relación espiritual con Dios, de lo contrario tal reclamo no tendría sentido."

Dave Hunt continúa hablando del mundo político mujeriego de la Iglesia Católica:

"El Papa Alejandro VI (1492-1503) afirmó que todas las tierras sin descubrir pertenecían al Pontífice Romano, para que él pudiera disponer como quisiera en el nombre de Cristo porque es su vicario. El rey Juan II de Portugal estaba convencido que en su Bula Romanus Pontifex, el Papa había concedido que todo lo que Colón descubrió era exclusivamente para él y para su país. Fernando e Isabel de España, sin embargo, creen que el Papa les había dado las mismas tierras. En mayo de 1493, el nacido Español Alejandro VI emitió tres bullas (documentos pontificios) para solucionar el conflicto.

En el nombre de Cristo, para quien no hay lugar en esta tierra a la cual él llamó su propia tierra, este increíblemente maligno Papa Borgia, alegando ser dueño del mundo, dibujó una línea de norte a sur del mapa global en aquel día, entregando todo en el lado oriental a Portugal y el oeste a España. Así que por concesión papal, "fuera de la plenitud del poder apostólico," África fue entregada a Portugal y las Américas a España. Cuando Portugal "tuvo éxito en llegar a la India y la Península de Malasia, aseguraron la confirmación de estos descubrimientos del papado..." Había una condición, por supuesto: "con la intención de traer a los habitantes... a profesar la fe católica." Fue en gran parte Centro y Sur América que, como consecuencia de esta alianza impía entre la iglesia y estado, la iglesia católica forzó sobre ellos por la espada que fueran católicos como lo ha sido hasta nuestros días. América del Norte (con la excepción de Quebec y Luisiana) se salvaron de la dominación del catolicismo romano porque fueron establecidas en gran parte por los Protestantes. Ni los descendientes de Aztecas, Incas ni los Mayas se han olvidado que los sacerdotes católicos romanos, respaldados por la espada secular, le dieron a sus antepasados la opción de conversión (que a menudo significaba la esclavitud) o la muerte. Ellos hicieron un clamor de indignación cuando Juan Pablo II en una reciente visita a América Latina propuso elevar a la santidad a Junípero Serra (un reforzador influyente del catolicismo del siglo XVIII entre los indígenas), cuya ceremonia el Papa se vio obligado a celebrar en secreto."

Un ejército de 200 guardias del Vaticano

La Ciudad con Siete Colinas también conocida como La Gran Babilonia

"Parándose lejos por el temor de su tormento, diciendo: ¡Ay, ay, de la gran ciudad de Babilonia, la ciudad fuerte; porque en una hora vino tu juicio!" – Apocalipsis 18:10

Cuando el libro de Apocalipsis fue escrito, otro nombre para Roma era "Babilonia." San Pedro, en su primera de tres cartas menciona:

La iglesia que está en Babilonia, elegida juntamente con vosotros, y Marcos mi hijo, os saludan.
– 1 Pedro 5:13

Se cree que Pedro estaba escribiendo desde Roma.

Lugar de San Pedro en el Vaticano

Incluso el defensor católico Karl Keating, en su libro *Catolicismo y Fundamentalismo: El Ataque al "Romanismo,"* admite que Roma ha sido conocida como Babilonia y él escribe:

"Babilonia es una palabra de código para Roma y ese código se utiliza seis veces en el último libro de la Biblia [cuatro de las seis están en los capítulos 17 y 18]..." También, "Eusebius Pamphilius escribiendo por el año 303, señaló que "se dice que la primera epístola de Pedro... fue compuesta en la mismísima Roma; y que él

mismo indica esto, refiriéndose a la ciudad como Babilonia en sentido figurado."

Esto no puede ser una referencia a la antigua Babilonia porque no estaba sentada sobre siete colinas.

Hay varios estudios históricos que apoyan la identificación de Roma como "Babilonia la Grande" – CF. Bauckham (1993); Collins (1980); Friesen (1993); Giesen (1996); Kraybill (1996); Biguzzi (1998).

La Sangre del Pueblo de Dios está en las Manos de Ella

Dadle a ella como ella os ha dado, y pagadle doble según sus obras; en el cáliz en que ella preparó bebida, preparadle a ella el doble. - Apocalipsis 18:6

Y en ella se halló la sangre de los profetas y de los santos, y de todos los que han sido muertos en la tierra. – Apocalipsis 18:24

Ha habido varias inquisiciones de la iglesia católica pero colectivamente pueden ser llamadas "La Inquisición". Tocaremos brevemente tres de las más prominentes: La primera fue la Inquisición Medieval que comenzó en el sur de Francia en 1184 y no terminó oficialmente hasta la década de 1960. Muy separada, fue la infame Inquisición Española que comenzó en 1478 y terminó en 1834. Después fue la Inquisición Romana que comenzó en 1542 y continuó hasta mediados de 1800. Las diferentes inquisiciones abarcaron un período de un milenio.

Las inquisiciones fueron tribunales judiciales compuestos sobre todo de clérigos de la Iglesia Católica Romana. Su cargo era localizar, investigar y sentenciar a gente que la iglesia creía que era culpable de herejía.

El propósito de la Inquisición era asegurar y mantener la unidad religiosa y doctrinal en la Iglesia Católica Romana así como el imperio Romano a través de la conversión, la tortura o la ejecución de supuestos herejes.

Un gran número de personas en estas inquisiciones fueron torturadas o asesinadas por la iglesia católica. Algunos de los que fueron encontrados como "herejes" fueron mujeres acusadas de ser brujas, los Musulmanes, los Templarios, los críticos de la iglesia y muchos no-católicos cristianos que no renunciaban a su fe en la salvación sólo por medio de Jesucristo y debían jurar su lealtad a la Iglesia Católica. Aquellos que no cedían a las herejías de la iglesia o confesaban lo que no creían eran entonces castigados.

Nunca se sabrá cuántas personas murieron por sus creencias en manos de la iglesia católica... quemadas en la hoguera, torturadas hasta morir o simplemente fueron dejados para que murieran de desnutrición o enfermedad en prisiones frías, húmedas y oscuras. Ya fuera que el número esté en los cientos de miles, o decenas de millones como algunos especulan, podemos estar razonablemente seguros de que la iglesia católica con su gran poder y riqueza involucraron a las personas más talentosas para reescribir la historia y desinfectar los registros históricos siempre que fuera posible.

Cualquiera que sea el número de los asesinados, muchas veces otro gran número de personas fueron torturadas en la sumisión. ¡Dios lo vio todo y no olvida!

La Santa Rota Romana, el tribunal judicial de la Iglesia Católica

La **Inquisición Medieval** fue debida en parte a la creciente corrupción moral del clero en la iglesia católica. Las sectas se levantaron para desafiar, entre otras cosas, la aceptación de la

iglesia de pedir soborno por matrimonios ilegales y la posesión de riquezas extremas por el clero. El objetivo principal de la Inquisición era erradicar a estas sectas. Algunos inquisidores se enriquecieron por confiscar la propiedad de los "herejes", otros por la venta de absoluciones. En 1252, el Papa Inocencio IV emitió una bula papal autorizando el uso de torturas por los Inquisidores.

La brutal **Inquisición Española** dirigida principalmente a los judíos que profesaban ser de la fe católica pero que se negaban a renunciar a ciertas prácticas religiosas judías; ellos fueron conocidos como Cripto-Judíos.

La **Inquisición Romana** fue responsable de procesar a individuos acusados de una amplia gama de "delitos" relacionados con la herejía, la brujería, la inmoralidad, la blasfemia y la hechicería. De igual manera que con la Inquisición Española, los Cripto-Judíos fueron de nuevo un blanco favorito.

Engañados – ¿Está Dios Guiando a Su Pueblo a dejar Ritos vanos para Entrar en una Relación Personal con Él?

Una mujer siendo quemada en la hoguera

Sus Extravagancias Han Enriquecido a los Mercaderes de la Tierra

Y la mujer estaba vestida de púrpura y escarlata, y adornada de oro, de piedras preciosas y de perlas, y tenía en la mano un cáliz de oro… - Apocalipsis 17:4

… los mercaderes de la tierra se han enriquecido de la potencia de sus deleites. - Apocalipsis 18:3

Y los mercaderes de la tierra lloran y hacen lamentación sobre ella, porque ninguno compra más sus mercaderías; ¹²mercadería de oro, de plata, de piedras preciosas, de perlas, de lino fino, de púrpura, de seda, de escarlata, de toda madera olorosa, de todo objeto de marfil, de todo objeto de madera preciosa, de cobre, de hierro y de mármol; ¹³y canela, especias aromáticas, incienso, mirra, olíbano, vino, aceite, flor de harina, trigo, bestias, ovejas, caballos y carros, y esclavos, almas de hombres. - Apocalipsis 18:11-13

Los siguientes son extractos de los *Billones del Vaticano* escrito por Avro Manhattan, publicado en 1983 (cursiva):

"El tesoro del Vaticano de oro sólido ha sido estimado por la revista mundial de las Naciones Unidas ascendiendo a varios billones de dólares. Una gran cantidad está almacenada en lingotes de oro con el Banco de Reserva Federal estadounidense, mientras que el resto está en bancos de Inglaterra y Suiza. Pero

eso es sólo una pequeña porción de la riqueza del Vaticano, la cual sólo en los Estados Unidos es mayor que la riqueza de cinco de las corporaciones gigantes más ricas del país. Cuando a eso se añaden todos los bienes inmuebles, propiedad, acciones y participaciones en el extranjero, entonces la asombrosa acumulación de la riqueza de la iglesia católica se convierte en algo tan formidable como para desafiar cualquier valorización racional."

"La iglesia católica es la mayor potencia financiera, acumuladora de riqueza y dueña en existencia, es aún mayor poseedor de riquezas materiales más grandes que cualquier otra institución, corporación, banco, asociación financiera, gobierno o estado en el mundo entero".

No hay ningún modo razonable de determinar la situación actual financiera de la Iglesia Católica Romana. Sus finanzas son tan excepcionalmente complejas que abarcan muchos países. Tienen mucho más cuentas bancarias que cualquier persona supiera. El valor de sus pertenencias de bienes raíces en todo el mundo, incluyendo iglesias, basílicas y catedrales desafían todo cálculo matemático. Hay aproximadamente 3,200 catedrales y 2,200 basílicas además de iglesias y abadías parroquiales.

Si has tenido la oportunidad de recorrer algunas de las magníficas catedrales católicas del mundo, probablemente quedaste maravillado por su grandeza y su opulencia, los hermosos mármoles importados, tapices y adornos costosos de oro. El Museo del Vaticano posee una vasta colección de valor incalculable de arte, esculturas y joyas.

Rituales, boato (esplendor) y costosas vestimentas clericales

Considera la siguiente descripción de la coronación de papa Gregory IX (1227-1241):

"El día de su coronación el papa procedió a la basílica de San Pedro, acompañado por varios prelados y asumió el palio [vestimenta eclesiástica] según la costumbre; y después de haber dicho misa marchó hacia el Palacio de Letrán, cubierto con oro y joyas. El lunes, habiendo dicho misa en San Pedro, regresó con dos coronas, montado en un caballo ricamente engalanado y rodeado de cardenales vestidos de púrpura y un numeroso clero. Las calles estaban cubiertas con tapices, incrustados con oro y plata, las producciones más nobles de Egipto y los colores más brillantes de la India y perfumadas con varios olores aromáticos "(George Waddington, Una Historia de la Iglesia desde la Edad más temprana a la Reforma, 1834, p. 335).

La música y la Alegría de las Novias con sus Novios Nunca se oirá en ella De Nuevo

Y voz de arpistas, de músicos, de flautistas y de trompeteros no se oirá más en ti; y ningún artífice de oficio alguno se hallará más en ti, ni ruido de molino se oirá más en ti. [23] Luz de lámpara no alumbrará más en ti, ni voz de esposo y de esposa se oirá más en ti; porque tus mercaderes eran los grandes de la tierra; pues por tus hechicerías fueron engañadas todas las naciones. – Apocalipsis 18:22-23

Capítulo 8

Dios Ha Decretado la Destrucción de Ella

Un Acontecimiento Repentino y Violento

La Gran Ramera será destruida por conducir las almas por el camino equivocado, por matar a los santos de Dios y por llevar vergüenza sobre el Santo Nombre de Dios Altísimo.

> *Cuanto ella se ha glorificado y ha vivido en deleites, tanto dadle de tormento y llanto; porque dice en su corazón: Yo estoy sentada como reina, y no soy viuda, y no veré llanto; ⁸por lo cual en un solo día vendrán sus plagas; muerte, llanto y hambre, y será quemada con fuego; porque poderoso es Dios el Señor, que la juzga. – Apocalipsis 18:7-8*

La Biblia habla de un evento, o eventos repentinos, violentos, que destruirán a la Gran Ramera. Eso podría significar la destrucción de la ciudad del Vaticano o la ciudad entera de Roma con la muerte del catolicismo. O podría significar algo más catastrófico. Siniestramente, cualquier cosa que sea lo que Dios tiene para la iglesia, Él quiere que Su pueblo salga de ella para que no compartan su castigo. ¡Yo no sé exactamente lo quiere decir eso, pero yo tomaría esa advertencia muy en serio!

> *Y los diez cuernos que viste en la bestia, éstos aborrecerán a la ramera, y la dejarán desolada y*

119

desnuda; y devorarán sus carnes, y la quemarán con fuego; [17]porque Dios ha puesto en sus corazones el ejecutar lo que él quiso... – Apocalipsis 17:16-17

Y los reyes de la tierra que han fornicado con ella, y con ella han vivido en deleites, llorarán y harán lamentación sobre ella, cuando vean el humo de su incendio, [10]parándose lejos por el temor de su tormento... - Apocalipsis 18:9-10

Los mercaderes de estas cosas, que se han enriquecido a costa de ella, se pararán lejos por el temor de su tormento, llorando y lamentando, [16]y diciendo: ¡Ay, ay, de la gran ciudad, que estaba vestida de lino fino, de púrpura y de escarlata, y estaba adornada de oro, de piedras preciosas y de perlas! [17]Porque en una hora han sido consumidas tantas riquezas. Y todo piloto, y todos los que viajan en naves, y marineros, y todos los que trabajan en el mar, se pararon lejos." – Apocalipsis 18:15-17

Porque en una hora han sido consumidas tantas riquezas. Y todo piloto, y todos los que viajan en naves, y marineros, y todos los que trabajan en el mar, se pararon lejos; [18]y viendo el humo de su incendio, dieron voces, diciendo: ¿Qué ciudad era semejante a esta gran ciudad? [19]Y echaron polvo sobre sus cabezas, y dieron voces, llorando y lamentando, diciendo: ¡Ay, ay de la gran ciudad, en la cual todos los que tenían naves en el mar se habían enriquecido de sus riquezas;

pues en una hora ha sido desolada!" - Apocalipsis 18:17-19

Una vista aérea del Vaticano, el país más pequeño del mundo

Alégrate sobre ella, cielo, y vosotros, santos, apóstoles y profetas; porque Dios os ha hecho justicia en ella. – Apocalipsis 18:20

121

> *Y un ángel poderoso tomó una piedra, como una gran piedra de molino, y la arrojó en el mar, diciendo: Con el mismo ímpetu será derribada Babilonia, la gran ciudad, y nunca más será hallada. - Apocalipsis 18:21*

La Biblia dice que la gente estará en la incredulidad de las ruinas humeantes de la gran ciudad, posiblemente al igual que muchos estaban anonadados en la incredulidad frente a los televisores viendo las Torres Gemelas desplomarse el 11 de Septiembre de 2001 en los Estados Unidos.

Una Celebración en el Cielo

Después de esto oí una gran voz de gran multitud en el cielo, que decía: ¡Aleluya! Salvación y honra y gloria y poder son del Señor Dios nuestro; ²porque sus juicios son verdaderos y justos; pues ha juzgado a la gran ramera que ha corrompido a la tierra con su fornicación, y ha vengado la sangre de sus siervos de la mano de ella. ³Otra vez dijeron: ¡Aleluya! Y el humo de ella sube por los siglos de los siglos. – Apocalipsis 19:1-3

Que Dios te bendiga ricamente a la vez que creces en tu conocimiento de la voluntad de Dios para tu vida. Dios nos dice que si Le buscamos con todo nuestro corazón, que lo encontraremos... junto con paz, alegría y la vida eterna que Él nos brinda consigo mismo. Si estás interesado en unirte a un grupo de estudio de la Biblia o para preguntar acerca de las clases en tu área contacta o escribe a: www.bsfinternational.org

Ken March

www.ingramcontent.com/pod-product-compliance
Lightning Source LLC
Chambersburg PA
CBHW061744020426
42331CB00006B/1348